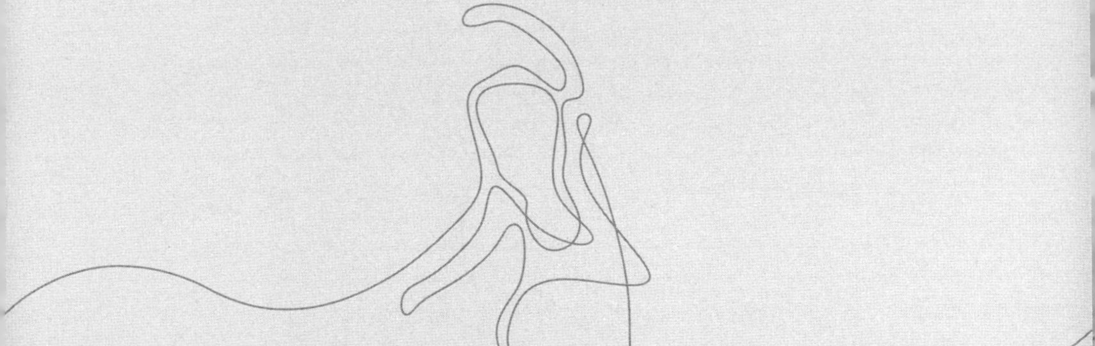

나는 어떻게 삶의 해답을 찾는가 :
고명환의 독서 내공

「駱駝－獅子－小孩」三階段讀得不一樣人生

我這樣找到
人生的答案

高明煥——著
葛瑞絲——譯

讀者好評

喜歡的事情、擅長的事情、能賺錢的事情，這些都盤根錯節地纏繞在我的腦海中，但讀了本書之後，馬上就解開了。原來問題出在我問錯問題了，將問題轉變爲「有沒有價值」後，我的目標和我該做的事就變得很清楚了。謝謝作者寫出一本好書。

——@saycolibrary

號外！我想跟作者分享，在讀完本書後，我改變了對生活的態度，就在第一〇八天後，終於突破讀一百本書。過去十五年來，我連一本書都沒讀，現在竟然變成了天天閱讀的人。我正親身感受「自動就做到」這句話。

——劉浩燦

「重要的事提前處理、每天呼喊目標一百次、閱讀時抱持著疑問」，我讀完這本書之後，正把這些都運用在我的生活中。

——金瑞賢

我的工作特殊，常常會送客人花盆，今天開始我要送客人《我這樣找到人生的答案》。

——鐘楊伊女士

我現在每天實踐「十頁閱讀法」和「笑吧」這兩件事。早上起床後，我都會看著鏡子一直笑。雖然昨天銷售狀況不好，但我依然心懷感謝，帶著笑容更加關心每位客人。原本覺得難讀的書，一想到只要讀十頁，就能沒有負擔、開心地讀。過去的我就像是看著遠處的微弱光芒穿越幽暗隧道一樣，多虧了本書的「三階段讀書法」，讓我得到力量。

——金賢振

我相信《我這樣找到人生的答案》說的，並持續照做到現在。真的很神奇耶！我的精神變得清晰、透澈。感謝作者分享了這麼好的事。

——RossaJung

我經營一家男性專門理髮店。在考慮品牌的過程中發現本書，讀到「從書中獲得知識」這句話時非常吃驚。謝謝您。

——seonghyeond

發現這本書眞是我的幸運。現在閱讀讀累了時，會重看並且再次得到力量。幸虧有它，讓我體驗到看書看累了之後，還能透過看書來恢復的驚人經驗。

——@success.mentors365

讀了本書之後，我每天都堅持不懈、不貪心地認眞實踐。感謝它讓我的人生大逆轉。一年後，我一定會讓大家看見我變化後的樣子。——@☆樂童&CHILD☆

序
最難走的路，也是最快的路

去年我又開了兩間店，一間是排骨店，另一間是蕎麥牛胸店（蕎麥麵＋牛胸肉），這兩間店都在最近達到了一開始設定的營業額目標，蕎麥牛胸店花了兩個月又八天達標，排骨店則花了三百六十三天才達標。

雖然一間是兩個月、一間是一年，但最終都實現了營業額目標。在達標之前的過程確實並不輕鬆，身邊的人也毫不吝惜地給出建議，「如果一個月內沒成功，就要趕快收掉。」「再多下點廣告。」「要不要增加菜色？」……每天我都會從四面八方聽到這些話。

即使某種程度上他們是爲我著想，我也完全不動搖。當然我並不是一意孤行、別人說什麼都不聽。我的意思是，定好自己確立的標準後，其他人的意見只當參考就行了。或許有人會說這兩者的差異微妙到分不出來？是啊，但是這個微妙的差異最終會形成巨大的落差。

不管做什麼事，重點都在於自己看待世界的視角，以及毫不動搖的態度。這並非毫無理由的固執。確實，我有時也會害怕，「我現在做的事情是對的嗎？」「什麼時候是我的時機呢？」

這時候需要的就是書。如果懷抱著問題意識拋出問題，往往能在書中找到答案。在詩人潘七煥的詩〈新年第一個奇蹟〉寫著：

白鶴飛翔
馬兒奔馳
烏龜行走
蝸牛爬行
地蠶滾動
在同日同時抵達了新年的第一天。

——摘錄自〈新年第一個奇蹟〉

大家都有各自的速度。排骨店需要一年的時間，蕎麥牛胸店需要兩個月的時間；這並不是我對一間店特別努力、對另一間店沒那麼努力的問題，而是每間店的地理位置和料理都有其特色，所以一間店在兩個月達到目標，而另一間店則需要一年這段不短的時間。

雖然需要的時間不同，但兩間店都達到了目標。白鶴用飛的，烏龜用走的，地蠶用滾的，大家卻都同日、同時抵達了目標。不要與別人比較，只要相信自己，繼續前進，那麼任何人都可以到達自己心中理想的目標。

我們想要輕易地做到一切，想要輕鬆地工作、輕鬆地賺錢、輕鬆地成功。大家都希望不用天天上班，而是能在旅行或漫步的過程中不費吹灰之力就賺到錢。但是有這麼輕鬆、順利的人生嗎？

我們來想想哪些事情很輕鬆好了！輕鬆對我們來說眞的好嗎？我們會爲了健康而運動。運動輕鬆嗎？並不輕鬆。但是我們知道不運動、光是懶洋洋地躺在床上有害健康，所以就算累還是會去運動，因爲維持身體健康的方法正是運動。

你能理解嗎？如果只找輕鬆的事、只走輕鬆的路，身體會越來越痛苦。精神也像身體一樣，如果沒有透過辛苦的方法來鍛鍊，精神也會生病。

成功經營餐廳的方法就是勞動。要是你舒服地休息，餐廳就完蛋了。連基本的高湯都不親自熬煮，而是輕鬆地買現成的來用；實際上很多餐廳都是這樣，所以味道都差不多。難道這樣能在競爭中勝出嗎？相反的，如果以親力親為的方式熬煮高湯，則容易賺到錢。

在寫這篇文章之前，我辛辛苦苦地讀了許多書，有時候讀到屁股痠痛、眼睛乾澀，想要出去玩，但我很清楚辛辛苦苦地閱讀後，才能輕鬆地寫出文章，所以即使辛苦，我還是繼續閱讀。

刻意選擇困難的路吧！主動去做別人不喜歡做的事情吧！若你能享受地做別人不喜歡的事情，一旦達到這個階段，你的生活就會變得輕鬆，會知道如何賺錢、如何過有意義又有成就感的生活。走上艱難的道路後就會出現輕鬆的路，這就是人生的良性循環。

辛苦地開始後，能輕鬆地生活的最佳方法就是閱讀。閱讀很難，比做其他事都還費力，雖然大家都知道閱讀很好卻還是不做。不，是做不到。閱讀就是這麼辛苦。然而，正因爲辛苦，所以越辛苦就越輕鬆。儘管看演講影片比閱讀輕鬆，但效果不如閱讀好。不過，找一天試著坐在書桌前十個小時看看！只要一天，你對自己的自信心就會大幅提升。這就是閱讀的力量。

選擇艱難的道路吧！隨著時間流逝就會養成習慣，那麼原本難走的路也會開始感到輕鬆。我現在對於煮高湯這件事覺得游刃有餘。開餐廳的人很少人是自己熬高湯的，所以很多人喝到我的湯之後一試成主顧。艱難的路才是眞正最輕鬆的路。

沒有那種能輕易成功、輕易賺錢的方法。輕鬆成功的人會輕易地跌入深淵，輕鬆賺來的錢會輕易地離開。這是歷史驗證過的眞理。

艱難的路是高貴的，因爲包含了自我犧牲。世界會明白你的犧牲並補償你的。

我要繼續在一千天、兩千天、三千天的早晨高喊「肯定句」，這是一條艱難的道路。可是，卻是我在面臨死亡時，能找到活下去的理由中最輕鬆的方法，所以今天也要吶喊。

「我刻意走了一條艱難的道路，而不是一條輕鬆的道路。」

目次
CONTENTS

2
該怎麼提問？

3

等待期間要做什麼？

4

駱駝階段：開始過不被牽著走的人生

5

獅子階段：專注在自己身上、有勇氣地生活

6

小孩階段：用自己的哲學改變世界

閱讀，提問題，然後等待。

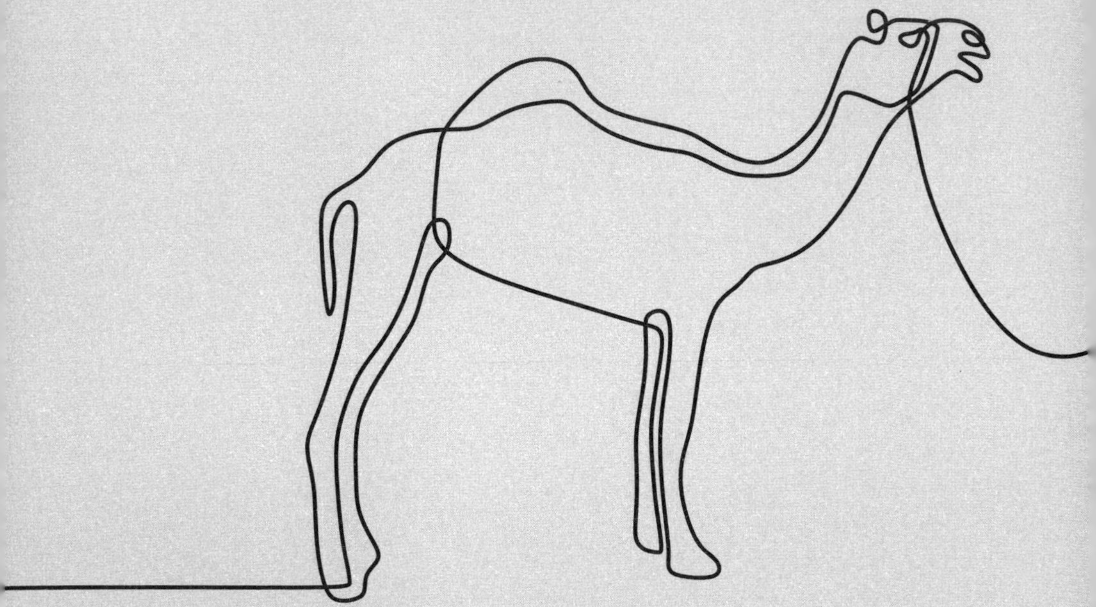

看似
絕對不會發生的事
即將出現在我的眼前。

1

爲什麼要閱讀？

我的人生怎麼會變成這樣？

我同鄉的友人中，有一位畢業於首爾知名的大學，並且任職於一間大公司。有一天，我和他一起去喝酒，在酒酣耳熱之際，他對我說：

「到了我們這個年紀就知道能不能升到高層。看來我應該升不了。」

總是充滿自信的朋友竟然說了這樣的話，令我非常擔心。

「所以，我想過退休之後要做什麼，卻發現我根本什麼都不會。有一天眞的太鬱悶了，就上網搜尋怎麼加盟便利商店、炸雞店、咖啡廳等連鎖品牌，看看需要投入多少錢。後來我覺得這情景太令我心寒了。念書的時候，父母叫我要考全校第一，我就考到全校第一；父母叫我要考上好大學，我就讀了首爾的好大學；父母還要我去大公司或國營企業，我就進了大公司。但是現在超過五十歲後，想要辭職做點別的事情，卻發現自己什麼都不會。明煥，我的人生怎麼會變成這樣？」

我也無話可說。那天我能為他做的只是陪他喝酒而已。

隔天，我一邊掛念著他一邊讀著崔鎭碩教授的《人畫出的紋樣》，讀到了這麼一句令我拍案叫絕的話。

問題在於我們已經習慣了回答。應該要成為習慣提問的人。

——摘錄自《人畫出的紋樣》

說不定我那位朋友一直都只過著善於回答的生活。因為善於回答，考到全校第一；因為善於回答，考上了首爾的知名大學；因為善於回答，進入大公司。昨天他

自言自語地提出的疑問：「我的人生怎麼會變成這樣？」可能是他第一次發自內心問自己的問題。

這不是說那位朋友做錯了；如果想要拿到全校第一名，就沒有閒暇對人生提出問題，因爲光是學習指定的學科就忙不過來了。要在首爾的好大學維持好成績就得如此，要進入大公司學習也得如此。連準備一個好的回答都沒空了，根本不會有時間、不會有餘裕對自己提問。這就是我們生活的世界。我也曾經那樣生活過，其他人也都是那樣生活著。

所以我們需要閱讀。無論如何都應該抽空閱讀。書籍是讓我們抵禦世界攻擊的堅實武器。能讓我們考到全校第一、好大學、大企業的無數資訊都在「攻擊」我們的大腦，而我們也疲於接收。在這種混亂當中，閱讀就是我們進擊世界的行動。俗話說：「攻擊就是最好的防禦」，如果不想被無數資訊牽著走，就應該閱讀。

要將腦海裡用來回答的資訊昇華成問題，只有這樣我們才能生存下去，才不會被牽著走。如果想支配自己的生活，就應該閱讀，同時要對自己提問。而且這件事得趁早開始，倘若從學生時期就只是過著回答的生活，一直這樣下去，轉眼間就會

發現自己已經年過半百了。因此，現在就應該立刻提出問題。

「我為什麼要讀書？」

「我想做什麼？」

「我為什麼要賺錢？」

「我什麼時候會幸福？」

「我為什麼要出生？」

「我是誰？」

要不斷地問自己這些問題。話說回來，對於習慣過著作答生活的人來說，很難想出這些問題。念書、寫作業、追逐爆炸資訊已經夠忙了，根本沒空提問。但是，如果繼續過著不提問、只作答的生活，到頭來就會發現自己一半的人生都被困在這個世界裡了。

所以要刻意抽空閱讀，這樣你才能對自己提問，也才能找到那問題的答案。

我們應該活在「提問的世界」，而不是作答的世界。作答的世界是被牽著走的世界，提問的世界則是「我牽著世界走」、是「由我支配世界」。這就是爲什麼比起回答，應該花更多時間提問的原因。

現在還不晚。找出能問自己的關鍵問題吧！一個好問題會改變人生。現在！就是現在！提問吧！讀吧！你已經在閱讀了，難道不會一直想到問題嗎？你現在絕對不會冉被牽著走了。

給夢想成爲FIRE族的你

不知從何時起，「FIRE族」一詞颳起風潮被廣泛使用。「FIRE族」是「Financial Independence, Retire Early」的首字縮寫，是指實現「財務獨立，提早退休」的人。

我想問那些夢想成爲FIRE族的人：

「你提早退休後要做什麼？」

如果你無法直接了當地回答這個問題卻夢想成爲「FIRE族」，就表示你純粹只想逃離現實，想逃避現在的工作狀態和經濟狀況；不過是茫然地以爲成爲

ＦＩＲＥ族就可以不上班，而能去旅遊、拍YouTube之類的，過上舒服自由的生活。

問題是，像這樣茫然思考的人絕對無法成爲ＦＩＲＥ族。就算制定正確且具體的計畫，能否實現目標也是個未知數；更何況，抱持「想早點退休、舒服地吃喝玩樂」的想法，絕不可能實現任何目標。

說到這裡，我想再問一個問題。

「三、四十歲提前退休後，之後的五、六十年要做什麼呢？」

夢想成爲ＦＩＲＥ族的人不會主動產出什麼有創意的點子，只是根據他人的指引發揮，所以他們並不享受產生創意的過程，而能獨力生出創意點子的人絕對不會夢想成爲ＦＩＲＥ族，這樣的人根本無意退休，因爲深諳創造的過程是最幸福的。

首先要摒棄「賺到很多錢後，就能不工作、舒服地享受」的念頭。不會有那種日子。即使賺了很多錢，你現在想擺脫的那種辛苦狀態、那種混亂仍會繼續下去，

只是型式不同罷了。

喬登・彼得森在《秩序之上》中說道：

一定要理解，不管是富人還是窮人，混亂都會持續。這就是生活。

——摘錄自《秩序之上》

我有位朋友名下有好幾棟令人羨慕的房地產。我跟這位朋友見面時，每次都無法聊超過十分鐘，因爲房客會接二連三地打來。每次掛斷電話時，他都會說：「要是沒有這些房子就好了。」你可能想問：「多賺點錢之後，找個人管理不就行了嗎？」那麼，到時候那個管理人還是會打電話過來的。

在人的一生中，混亂是無法消除的，沒有混亂就不是人生。人就是要克服困難並前進，克服後就會感到痛快。不要試圖消除混亂，而要能擁抱混亂、愛著混亂。

我們有必要重新定義ＦＩＲＥ族。ＦＩＲＥ族眞正的目標是，達到財富自由的階段後，自由地做自己想做的、產出有創意的點子，而非在別人的指使下工作。當

然，在自由的時候，混亂也會持續下去。

爲了方便理解，請想想原始時代吧！不必爲錢煩惱的原始人難道就一整天什麼都不做、光享受自然嗎？不是的，混亂依然持續，不斷有事情需要解決。比方說，早晨一睜開眼睛，就得去找當天要吃的食物，而且爲了不被野獸攻擊，需要製造和累積一些東西。而這種原始時代的基因仍在現代人的體內原封不動地流淌著，也就是說，生產基因仍然留在我們的身體裡。

以這個意義來說，我已經是ＦＩＲＥ族了。在寫這篇文章時，我人在欲知島（位在慶尚南道統營市）上，不用上班，還能整天釣魚，再把釣來的魚煮來吃，享受日出和晚霞。不過，我凌晨兩點一定要提筆寫作，如果沒有寫作相伴，就這樣享受一天也不會感到幸福。要是一天不寫作、釣魚，總覺得有些不安。玩樂在伴隨著產出創意時會更加愉快。我想，大家一定可以明白這種心情。

千萬別夢想成爲什麼都不做的ＦＩＲＥ族，那種意義的ＦＩＲＥ族只不過是在等死罷了。混亂會在我們的人生中持續下去，生活就是混亂，所以不要被混亂、痛苦等詞語誤導了。

夢想成爲ＦＩＲＥ族的你，不要逃避工作，抬頭挺胸地面對工作並且熱愛工作吧！如果你無論如何都無法熱愛你現在所做的一切，就放棄那份工作，尋找可以熱愛的工作吧！這才是眞正的ＦＩＲＥ族該做的事。

猶太人掌握全世界財富的原因

在赫曼・赫塞的《流浪者之歌》中，悉達多對朋友喬文達說：

知識可以用言語傳遞，但智慧不能。

——摘錄自《流浪者之歌》

活在世上，比起知識，更需要智慧。智慧是覺悟，覺悟就是自我領悟。沒有人能代替我們領悟。

我爲什麼出生？我値多少錢？我喜歡什麼事？該怎麼做才能眞正促使「對別人付出」變成「對自己付出」？若要了解這些問題的答案，就需要智慧。錢也是一

樣。眞正的財富是累積在內在的，不是累積在其他地方。

掌握全球經濟的猶太人以「哈柏露塔」（Chavrusa）的教育法累積內在智慧。哈柏露塔是指一種不分年齡或性別、透過爭論尋找眞理的學習方法，是猶太人學習經典《塔木德》時使用的方法，而且所有教育課程都會使用此法。這不像我們一般傳達知識後背誦、考試，純粹是透過討論引導學生自己尋找答案。受過這種教育的猶太人無論身處何處，都會在當地累積財富，因爲他們受過訓練，得到了智慧和領悟。

與哈柏露塔教育法最相似的就是閱讀，讓人透過提問來思考，然後自己尋找答案。

書會對我們提問，人在被提問時會思考。最好的書就是讓人思考最多的書。即使滑手機滑了十個小時也不會讓我們思考。儘管可以在手機上獲得知識，但是憑著那樣獲得的知識很難達到領悟的境界，因爲干擾因素太多了。

一個月裡挑出一天左右的時間，讓你在不受任何妨礙的情況下閱讀十個小時左右。可以一個人坐在房間安靜地看書或去圖書館看書，這時務必關掉手機，唯有如

此才能專注地深入思考。

我之所以來島上寫作也是爲了能更深入地思考。在家寫作時，想法會被各種事情打斷。思緒一旦斷了，就要從頭再來，這麼一來，就無法深入地思考了。然而，我在島上不會受到任何干擾，所以從昨天結束的地方開始思考後，今天就可以更深一層地思考。

個月就選一天。一年十二次！這充分能做到，不是嗎？就當成是你在累積內在財富吧！比起首都蛋黃區幾百億的大樓，累積於內在的智慧更有價值。雖然現在你可能還無法相信，但只要持續累積內在智慧就能明瞭。

閱讀是爲了思考，思考是爲了進步

阿根廷曾經是全球五大經濟體之一。《萬里尋母》是義大利作家愛德蒙多·德·亞米契斯的短篇小說，後來由日本製作成動畫而聞名。該故事的主角馬可是位義大利少年，而馬可的媽媽當時從義大利前往阿根廷賺錢。《萬里尋母》的內容就是描述馬可去阿根廷尋找媽媽的過程。

就像移民到美國的人都懷著美國夢一樣，歐洲人也曾想過要去阿根廷賺錢。但是現在的阿根廷怎麼樣了呢？用一句話來說，就是完蛋了。二〇一八年阿根廷接受IMF（國際貨幣基金組織）的救助金援，物價每天都在暴漲，「今天是最便宜的」都成了口頭禪。

阿根廷衰亡的原因正是不思考，到現在仍停留在當初經濟達到巔峰時的狀態。

如果不思考，就會停滯不前。

韓國現在就是這樣。崔鎭碩教授也常說：「我們已經發展到我們所擁有的思想高度，若想更進一步發展到已開發國家，就需要更高水準的思考」。

如果正在閱讀這篇文章的你對現在的生活不滿意，那正是因爲你過去沒有思考。若想要過上更好的生活就思考吧！要爲了思考而提問、爲了提問而閱讀。

當你讀到上述與阿根廷相關的內容時，可能會對自己提出「思考和賺錢有什麼關係？」「作者說書會提出問題？」這類的想法和問題。這就是爲什麼要閱讀。看手機或看演講影片絕對做不到這樣的事。

我們閱讀的原因正是爲了能思考。爲什麼要思考呢？是爲了進步。爲什麼閱讀就會思考呢？因爲書會問你問題。問自己一個好問題會改變人生，這會在一瞬間發生。你會爲了尋找那個問題而閱讀。

改變我人生的問題就是：「明煥，若不想被別人牽著走，該怎麼做呢？」一提出這個問題後，我就自動開始閱讀了，既不睏倦也不疲累。

抓住書拋出的問題後思考吧！持續這麼做，就會發自內心產生問題。繼續對自己提問吧！我們的大腦接收到問題後，總有一天會找到答案。我最近問自己：「除了三百億的銷售額目標之外，還有什麼能讓我專注在一百元、十元上的呢？」三天後，我在吃雜菜（類似臺式炒米粉，只是主材料爲韓國冬粉）時找到了答案，我發現了比蕎麥麵的成本低了九成的「雜菜」。

我終於發現了五十年來一直在我家櫥櫃裡的韓國冬粉這個寶物。雜菜也是「麵」，但我之前都沒想過它是麵類料理，只把雜菜當成雜菜。不過我一提問後就看到了答案。眞理雖然就在身邊，但是因爲我沒有提問才無法找到。

我最近每天都心潮澎湃地煮雜菜給別人吃，想像我的雜菜會走向世界就興奮不已。這樣愉快度過每一天後，錢就自動進到我的帳戶。一切都是一個問題的結果。

要閱讀，也要在書中尋找問題，這樣訓練後，你就能自己製造問題。我無法預估一個問題能帶給你什麼，只能由你自己來領會。

你還可以更進一步，問問心愛的人問題，而且要提出能夠改變他的人生的問題。在那一刻你會變成蘇格拉底。人稱偉大哲學家的蘇格拉底所做的只是向人們提問。提出問題的行爲就是如此了不起。

四百億富豪在臨死之前的懺悔

劉漢在一九九七年成立漢龍集團，後來在二〇一二年登上《富比士》雜誌公布的中國富豪榜，他的財產高達四百億人民幣（臺幣約二千億），最終卻因爲涉入多項罪名被判處死刑，伏法前，他留下了這段話。

「我這輩子就是想得到的太多，換句話說就是野心太大！」「我犯了很多錯，我沒有意識到事情的嚴重性、危害性，對企業對社會，我負有推卸不了的責任，我有罪！」「如果能夠重來，只要能跟親人們生活在一起，能時時照顧他們，哪怕擺個小攤子，做點小生意，我也願意。」

劉漢在臨終一刻才領悟到自己是「一個怎樣的人」，直到死前才意識到自己生來是爲了開一間小店謀生、照顧家人的。一個本來只想擁有一間小店鋪、賺點小錢的人，卻在坐擁四百億之後淪陷成癮，更因爲錢這個毒藥面臨死刑重罰。

我們爲了賺錢燃燒自己的生命，卻沒想過錢會變成毒藥，簡直是在賺毒，想想多麼可悲啊！所以，我們應該要知道自己是誰、價值多少錢，而且只要賺到需要的程度就好。爲了了解自己需要的程度，就應該要讀書。透過閱讀理解資本主義結構之後，只賺取自己需要的錢，剩下的時間就專注在自己出生爲人的原因上，也就是有價值的生活上。

人各有各的容器。幸福並不取決於容器大小，而是當我們擁有符合自己容器的錢時，就是最幸福的。閱讀的目的就是要了解自己的容器大小，不知道自己容器的大小，光是盲目地賺錢，到頭來就會像劉漢一樣在死前後悔。那樣的話，是不是太遲了呢？

閱讀和思考可以征服金錢，甚至可以拒絕金錢。在資本主義社會，拒絕金錢時，感受到的幸福人到難以言喻。幾年前我曾婉拒過比平時收取的片酬高三倍的金額。當時那份快感，眞的很幸福，那是一種不用勉強自己做不想做的事情的喜悅，以及能在那個時間做自己喜歡的事情的快樂。後來還意外得到一份神奇的體驗，就是自動賺到了比自己拒絕的錢更多的錢。

什麼事都把錢擺第一、死命緊抓不放，這就是被錢牽著走，這樣絕對不可能幸福。有些時刻需要有足以拒絕金錢的力量，到那時才會眞正看到世界，才能領悟自己出生的原因，並且找到自己是誰的答案。

你需要多少錢？打算賺多少錢？爲什麼需要錢？錢要用在哪裡？如果只是想要賺很多錢，那麼現在就訂個金額吧！算出你需要的錢。不要說不知道就放棄。當然現在算出來的金額並非絕對，隨著日月逾邁肯定會不斷更動，但估算本身是很重要的事。

不必因錢而畏縮，也不必拚命賺很多錢。比起錢，更應該思考如何每天過上令你悸動又愉快的生活，然後那樣生活吧！找出那樣的事吧！一定有那樣的事的。

玩樂、消費、享受是一種片面的幸福。**人在創造出些什麼的時候會很幸福，尤其是透過自己的力量幫助到他人時，那時刻備感幸福。**找出這些事吧！在你能創造出來的東西中勢必有利於他人的。不懂就看書吧！書會幫你找出來的。如果沒有，書也會爲你製造。當生產出利於他人的東西時，錢自然會跟過來。這就是爲什麼要閱讀的原因。

「說重點」，支配時間的壓縮力量

通常演講結束後會有聽眾提問的時間。有些人在這種時候還沒整理好自己的想法就提出了冗長的問題，這時我會這樣要求他：

「請濃縮成一句話。」

也就是濃縮成一句沒有連接詞的句子。

問很長的問題表示還沒整理好自己的思緒，不知道什麼重要、什麼不重要，所以會喋喋不休，說得冗長。如果無法用一句話說明自己銷售的商品或自己正在做的事，就代表自己還不知道重點所在，也就是不知道本質爲何。

抽象畫的偉大之處也在於專注於事物的本質，並使其簡單化。幾何抽象藝術大師皮特・蒙德利安（Piet Mondrian）、行動繪畫先驅者傑克遜・波洛克（Jackson Pollock）、立體派畫家畢卡索都是專注於事物本質的人。他們起初也是如實地描繪物品，後來逐漸將線條簡單化，只留下了本質。畢卡索是這樣分解事物之後再創造，蒙德利安則是在簡單化後只留下垂直和水平的線，等於是只留下了本質。

要濃縮成一句話才容易解決，因爲這樣就能看得正確，也容易找到解決方法。從這個意義來說，詩人也很偉大。像我這樣的人要寫將近二五〇頁才能勉強傳達我想說的話，但詩人用一頁或一段話就能寫出自己想說的話，簡直就是看透本質的人。詩人也經歷了簡單化後重新創造的過程。

必須閱讀的原因就是要訓練這種壓縮的力量。許多書都是以比喻和壓縮的方式寫成的，是爲了讓更多的人培養出能根據各自的痛苦和情況自行解讀的能力。一旦開始領悟到書中隱含的意義，閱讀就會變得愉快。在享受的同時，還能獲得巨大的能力，也就是知道如何壓縮時間。

有的人忙碌卻徒勞無功，但成功的人卻十分從容，不知不覺就做完了所有的工作，這是因爲他們擁有壓縮時間和創造時間的能力，而這些人多半是一大早將高級汽車停在圖書館的車主。想想看吧！一大早來圖書館閱讀三十分鐘到一小時左右後，計畫當天工作的人跟直接迎接一天的人之間的差異，不用我說明也能明白吧。

好，現在把問題寫成一句話，然後看下去吧！這麼一來，煩惱就會解決。如果能把自己想做的事用一句話說出來，那麼百分之百會成功。所以現在馬上把想做的事情濃縮成一句話吧！

有在閱讀、思考的人，眼神才會銳利、清澈

有本書因爲被歐普拉．溫芙蕾選爲送給非洲學生的第一份禮物而蔚爲話題，那本書就是《五個約定》（*The Fifth Agreement*）（前一版中譯本爲《打破人生幻鏡的四個約定》）。下面將介紹這本書其中一部分，希望你能清楚地讀十遍。

你活到現在，十分努力地成爲一個對他人足夠好的人，但結果是你拋棄了自己，你犧牲了自己的自由，一直停留在他人的視線裡。爲了父親、母親、老師、心愛的人、子女、宗教，以及這個社會，你非常努力成爲一個足夠好的人。

歲月流逝後，雖然你也努力成爲對自己好的人，但你卻只是發現自己無法成爲一個對自己好的人。要不要試著把自己的生活放到優先順位的最前面呢？

這可能是你有生以來第一次嘗試的事情。爲了做到這點，你要從頭開始學習如何愛自己，要無條件地接受自己，無條件地將愛實踐在自己身上，而且要練習越來越愛眞正的自我。

——摘錄自《五個約定》

現在你已經讀了一遍，希望以後你能再讀九遍。拜託了。每次讀的時候，你都會知道我爲什麼要你讀十遍。

年齡增長後，身上的所有部分都會衰退，皮膚會出現皺紋，色澤變得黯淡，頭髮也變得白稀。當一切都隨著年齡的增長而變得模糊時，只有一件事相反，那就是眼神。

上了年紀表示經歷了很多。這些經歷會累積在眼神中，所以眼神會變得深邃。但並不是所有人都會如此，只有閱讀、思考的人，眼神才會變得銳利，變得像孩子一樣清澈。雖然身體已經老邁，精神卻變得年輕。

現在可以理解法頂禪師的著作《清香》的書名了。渾濁的眼神害怕死亡，純粹就是害怕，不願意多想，因此變得更加渾濁。但是，透過閱讀讓眼睛變得清澈後就不會害怕死亡。死亡變成一件充分能接受的事情、瀰漫香氣的事。

最近你看過自己的眼神嗎？此刻就去照照鏡子吧！被牽著走的人眼神是渾濁的，不思考的人眼神沒有生氣，你的又是如何呢？年齡增長後，僅存的一點鋒芒也會消失，眼神會變得渾濁。不該用那種眼神迎接死亡，否則肯定會後悔的。

如果走到死亡的一刻眼神會發亮，那代表著醒悟的瞬間。萬一那時抱持的態度是「唉，我活到現在實在過得不好」將是多麼悲慘的臨終啊！如果不想這樣面對死亡，就應該由自己來支配自己的生活。

把自己的幸福放在首位，愛自己、閱讀並思索吧！

偉大想法需要時間醞釀，但一定會堅實地展現出來

韓國是哲學進口國和文化進口國，也就是說，我們所知道的偉大哲學和思想都是從西方傳入的，因此至今都無法超越西方的思考，只停留在模仿的水準，並不是說這樣不好，只不過一直以來的歷史確是如此。

但是，現在不同了。西方哲學開始暴露其界限，哲學中心、思想中心正在向東方轉移。

> 我們獨創的作品只有神學。所有觸動地上心弦的宗教——即所有種子——都來自東方，我並不認爲這是偶然的。
>
> ——摘錄自《地中海紀行》

希臘文學的代表作家尼可斯・卡山札基（Nikos Kazantzakis）在一九二〇年代於義大利、埃及、耶路撒冷等地旅行時撰寫《地中海紀行》，他在書中的一段話展現出對東方宗教的高度評價。

世界三大宗教都來自東方。基督教來自於巴勒斯坦（西亞），佛教來自於印度，伊斯蘭教則來自於阿拉伯半島。也就是說，東方人是一個擁有更了不起、更偉大思想的民族。

我們一直以來都忘記我們有著了不起的大腦，這是因爲我們被教科書洗腦、被資本主義牽著走，根本無法思考。我們是充分能產出偉大想法的人，因此要透過書籍學習西方的優秀哲學，然後透過思考超越他們的哲學。「超越」的意思是創造出只屬於我們的、專屬於自己的哲學。

李御寧教授在《韓國人的故事：你要怎麼生活》（한국인 이야기 : 너 어떻게 살래）中說出這樣的內容。

我以前曾疾呼「雖然我們在工業化落後了，但在資訊化要走在前面」，但是現

> 在沒有必要吶喊了，現在要歌唱，因爲在新的第四次工業革命時代、融合的時代，韓國人懂得創造「推拉門」這種融合的名稱、擁有機器人和人工智慧根本無法模仿的溫暖胸懷「仁」、擁有超越世界任何國家的創造力，這樣的國家勢必會走在前面。（省略）慢慢看吧！韓國人把數位和類比這兩個對立世界均衡地融合起來，我們將看見由數位類比的威力引領未來的日子。
>
> ——摘錄自《韓國人的故事：你要怎麼生活》

只要我們所有人都認眞閱讀，總有一天會自動進入已開發國家。這是理所當然的，因爲我們想法的格局已經超過了已開發國家，這樣一來，經濟也會自然地發展。Web 3.0時代是想像力的時代。**讓我們用文字戰勝語言、擺脫洗腦的哲學，讓想法插上翅膀，創造出任何人都無法企及的偉大想像力。要充滿自豪、挺起畏縮的胸膛。我們是思想偉大的民族。**

抛下每十分鐘就要檢視一次股票行情的手機，喚醒內在沉睡的偉大想法吧！你要被束縛在手機小小的空間裡到什麼時候呢？你能做到的。我們身體裡已經種下了得到驗證的偉大思想種子，只是還沒有被澆水，所以沒能發芽罷了。

現在就是機會。思想能凌駕於科學之上。雖然ＡＩ是由西方創造的，但東方能打造出支配它的精神。要由你來做，擺脫只為自己一個人思考的狹隘想法吧！拜託書讓你能夠想出對他人，甚至是對人類而言的偉大想法，閱讀後思考吧！機會正從西方轉移到東方。

要相信這一點再閱讀。還有，不要著急。偉大的想法不是讀幾本書就能馬上產生的。偉大的想法需要一點時間醞釀，且一定會堅實地展現出來。一旦出現（不是「被發現」，而是「自動發生」），就絕對不會崩塌。

歐洲能夠勝過東方的唯一原因，就是歐洲閱讀的人比東方閱讀的人還要多上許多，但是現在連歐洲人也不閱讀了，所以這就是機會。想想看！若不是憑靠書，我們要憑什麼制勝西方？眞的沒有了，也毫無他法。

在我有生之年若能有這樣的機會，眞不知有多開心；我想蓋圖書館就是希望促使祖國步入已開發國家。我們要認眞閱讀，減輕後代孩子們的負擔，讓他們毋須經歷我們所受的苦。我會引導你，讓你經歷該經歷的痛苦以創造出偉大的想法。「戰勝西方、成爲世界第一大強國」並不是微小的願望，因爲當東方成爲頭首、西方成爲手腳時，這個地球才能以最理想的方式成長。這個世界正期待你發揮腦力。

苦惱就是思索，是讓生活向前邁進的力量

大家都說人生很苦。沒錯，我們生活在無數的痛苦之中。但問題是，我們經歷了太多可以不用經歷的痛苦。光是擺脫這種不必要的痛苦，生活就會好上許多。

什麼是不必要的痛苦？就好比，想像根本不會發生的事，而對未來抱持不安；與別人比較後感到自卑而痛苦；懷疑自己現在是否朝著正確的方向前進等。只要讀書，就可以不需要經歷這些痛苦。

如果你會對於還沒來到的未來感到不安，那麼很簡單，只要每週去圖書館三次，每次坐三十分鐘就可以消除不安了。還有，看完我的書之後，抽出五分鐘，高喊肯定句。光是這麼做，就能徹底消除對未來的不安。

和別人比較後自卑的痛苦也可以透過閱讀來治癒。十九世紀的英國思想家約

翰．拉斯金在《給後來者言》中說：「財富的意義在於能爲人所用並創造意義。」閱讀會讓你的在內累積眞正的財富，自然沒有理由和別人比較。內在累積眞正財富的人，即使不用名牌裝飾也不畏縮，總是充滿自信。不管身處何處都有自信能憑自己的雙手創造財富。這種人絕對不會跟別人比較後自卑，反而會自豪，走路時不會低著頭，總是會看著正前方抬頭挺胸。

最後，如果會懷疑自己現在是否朝著正確的方向前進，那麼只要繼續閱讀就行了。在閱讀的過程中，自然地會持續問自己：「我是誰？爲什麼出生？我會做什麼？什麼時候最幸福？我能達成什麼成就？」等問題不斷地在腦海萌生，也就是說，閱讀時大腦會自動運作來尋找答案，當然這些問題很難輕易找到答案，可能需要幾年或幾十年。但是這個過程一點都不痛苦，因爲你會在當中繼續成長。

人在成長的時候是幸福的，成長停滯的那一刻起會開始擔心。每天成長的人相信結果一定會是好的，因此沒有痛苦。儘管不知道現在走的方向是否正確，但是每天都能感受到自己正在成長，所以知道總有一天，生活會走上正確的道路、只屬於自己的軌道。

我們承受著太多無謂的擔心和痛苦。透過閱讀趕走這一切吧！原理很簡單，透過閱讀消除擔心和痛苦後，在那位置上就會產生相應的熱情。這就是成長的良性循環。

成功的人都生活在這個良性循環中，沒有擔心和不安，只需要爲了成功而苦惱。苦惱就是思索，是讓生活向前邁進的力量。擔心和不安是雜念，會絆住生活，讓人無法前進。透過讀書思索吧！不要擔心。現在馬上試試吧！驅散痛苦，然後在那位置種下熱情。熱情成長後就會出現創意，發揮創意後就會誕生出能改變世界的點子。推動這種良性循環的就是閱讀。

過去你因爲無謂的痛苦而吃盡了許多苦頭，現在沒事了。你不是已經把書拿在手中了嗎？就這樣繼續閱讀、思索並成長吧！現在你已經不用擔心未來人生了。只要書不離手就行了。

2

該怎麼提問？

就像跑步，沒有過程，就體驗不到「閱讀的愉悅感」

不管做什麼事情，我們達成目標時會失敗的首要原因就是急躁。在YouTube上，不少人都在說很快就賺了幾十億、幾百億韓元，實現了財富自由；傳授如何在一年內、一個月內賺大錢的影片如雨後春筍。好像除了我以外，所有人都快速地成功。

我受到刺激後也變得很努力，非常努力，這樣努力一週後就希望看到結果。然而，為什麼我的生活沒有改變？接著再多試幾天後就會覺得「我果然不行」，然後就放棄。

現在全國氣氛都變得急躁，受不了等待，不在乎過程，只關注結果。我想告訴這些人一件事，就是跑者會感受到的「跑步者的愉悅感」（runner's high）。

跑步者的愉悅感是跑步超過三十分鐘時才能感受到的快感。一般來說，每分鐘心率必須達到一百二十次以上，因此要跑三十分鐘才能體驗到跑步者的愉悅感。一旦體驗到這種快感，疲勞就會消失，湧現新的力量。之所以會出現跑步者的愉悅感，是因爲前面經歷過跑得很辛苦的過程。忍受痛苦得快死的跑步過程後，最終會嘗到「跑步者的愉悅感」。

急躁的我們想要省去艱難的過程、只求得到跑步者的愉悅感。不經歷艱難的過程是不可能的，因爲這是比萬有引力、日昇日落的自然法則還更確實的法則，意思就是，沒有過程就絕對得不到結果。

問題是，我們在閱讀的時候也會出現這種急躁。某天因某個原因而產生了想閱讀的熱情，想要讀遍全球知名的書籍；想要把現在讀的這本書趕快讀完，然後再讀那本有名的書。但是即使急躁，書也不會很快就讀完。

我也有過急躁情緒達到最高點的時候（後面會說明，當時是獅子階段）。那時只要再多讀一點就能突破三千本，於是我貪心地想迅速讀完所有的書，沒有理解書中的內容、沒有想要吸收書中的知識並運用在生活中，純粹只想充高閱讀量，還因此去上傳授閱讀方法的補習班，接受各種訓練。不過，最終我明白了，我無法快速讀完，即使快速讀完也沒有意義。

閱讀終究是爲了「思考」。只是努力活動眼睛，卻沒有在讀完一本書之後思考，那麼就什麼都不會得到。**閱讀時要慢慢地品味。在到達跑步者的愉悅感之前，必須接受這個過程和速度。寫作也是如此，並不是勉強湊足分量就稱得上是寫作，那種內容無法感動讀者。要一邊閱讀一邊思考，同時等待文章產出。今天我也是抱著「只寫一行字就好」的悠閒心態寫著寫著，不知不覺間就發現已經寫了好幾頁。**

不趕，才會快。不能因爲餐廳沒客人上門就下猛藥地促銷。雖然促銷期間顧客會熙熙攘攘，但往往活動結束後，光顧的人會比之前更少。宣傳和行銷都要合乎餐廳的節奏。錢也一樣，不要追逐金錢，意思是不要著急。急於賺錢時會勉強爲之，容易被非法行爲吸引而鋌而走險。

每個人的時機都不一樣，不要跟別人比，別人也不在乎你。自由地按照你的速度生活吧！只有這樣才不會疲憊，只有這樣才會天天幸福。一旦急躁，此時此刻就是地獄。

乾脆下定決心慢慢看書吧！號稱一天讀一本書的人在某一刻會因爲太疲憊而遠離書籍。慢慢讀吧！不要放棄，也不要讓自己太疲憊，只要堅持閱讀。當你慢慢思考和閱讀時，就會累積眞正的功力。功力累積越多，速度就會越來越快。別擔心，只要不趕，反而會實現得更快。

高飛的鳥看得遠，低飛的鳥看得很仔細

我讀了崔鎭碩教授的《倚靠老子和莊子》。

> 鴕鳥原本一直朝著前方奔跑，直到張開羽翼把頭頸低下，突然就改變方向往後逆向而跑了。鴕鳥在前進的過程中往後逆行，體驗到兩個方向，這個體驗的旅程必然會誕生前進和後退逆行相交的神祕點。這就是孕育文化及創意活動的子宮。
>
> ——摘錄自《倚靠老子與莊子》

我讀到這段話後，試著造句。

「前進的反義詞不是逆行，而是逆向前進。」

我第一次拒絕錢的時候，就感覺到一股神祕的力量，似乎這樣就能更順利地賺到錢。

我們要打造花園時，會先想像完工後的花園再開始種花。要蓋出上百億的建築物、創造五百億的銷售額、打造一兆公司等「花園」時，也是先計畫，然後看著前方，一邊前進一邊種花。但是，在邊前進邊種花的過程中，眼前所見的一直都是還沒種下任何東西的荒地，那片荒蕪太廣闊、太遼遠了，讓人不禁想「什麼時候才能填滿這一大片地方？」

就讓我們逆行著種花吧！逆行是指背對荒地，邊往後走邊種花。這麼一來，眼中只會看到至今所種下的花。只要不回頭就看不見荒蕪，就不會疲倦。

這點在我經營餐廳時也同樣適用。「今天要增加五百萬的銷售額」以這種心態經營就是前進。帶著前進的心態時，容易在做生意的過程中按著收銀機想「現在還沒超過一百萬耶！什麼時候能超過五百萬呢？」相反的，逆向思考則會抱持著「今天我要專注地服務每桌的客人」的心態。就像背對荒地種玫瑰、種百合、種菊花一樣，專注在每桌客人身上時，不知不覺銷售額就會超過三百萬、五百萬。這就是逆向前進心態具有的力量。

逆向前進時因爲看不到荒地，所以能專注在種植每一朵花上面，然後偶爾看向天空（目標、百億建築物、一兆公司）。紅極一時的諧星曾說過。

「高飛的鳥看得很遠，但低飛的鳥看得很仔細。」

逆向前行就是低飛的鳥。不要看理想，要看現實。花園是理想，現實則是種下一朵玫瑰、一朵百合、一朵菊花。將視線轉向下方，看看現實吧！百億的銷售額是理想，現在專注在賺一百元、一千元上吧！眞理總是在低處。

趙州禪師的徒弟請求他教導眞理時，趙州禪師回答「去洗碗」。正如這個答案，解答在底層的世界。眞理、成功、機會在高層的世界，那個世界不是我們能隨心所欲控制的，但是底層的世界卻不同，只要下定決心就能做到。儘管抓不到太陽，卻能抓住泥土。專注於低處吧！掘土種下一朵朵花之後，太陽總會昇起的。真理、成功、機會就是這樣出現的。

想改變人生，就像蘇格拉底一樣提問吧！

應該沒有人不知道蘇格拉底，大家都知道他是偉大的哲學家。但是在讀蘇格拉底的書時，多半會感到疑惑，因爲他並不教導，只是不斷地提問。

關於蘇格拉底的書都是後代弟子們所寫的。蘇格拉底會對遇到的每個人提出問題，搞得人人驚慌失措。舉例來說：

蘇格拉底：「你想成爲對你妻子而言是個什麼樣的丈夫？」

男人：「當然是好丈夫。」

蘇格拉底：「什麼樣的丈夫是好丈夫？」

男人：「好丈夫當然就是愛妻子、照顧妻子、賺很多錢的人。」

蘇格拉底：「我也愛你的妻子，會照顧她，還可以賺很多錢給她，那麼我對你妻子而言也是好丈夫嗎？」

男人：「你在說什麼？這老頭子瘋啦！」

對於「何謂好丈夫？」的提問，蘇格拉底沒有給出答案，而是提出了問題。回答這個問題的男人最終辱罵了蘇格拉底後離開，但他可能會在回去的路上持續思考「什麼樣的人是個好丈夫？」愛妻子、賺很多錢給妻子，這些事別人也做得到，接著他應該會參透，只有自己才能成爲妻子的好丈夫的方法。

蘇格拉底就是透過這種方式讓人們成長的。人們在被問到荒唐的問題時會罵他是怪異的老頭子，但他的問法卻非常卓越。蘇格拉底很清楚提出什麼問題可以讓對方透過思考自行找出答案。

蘇格拉底一生只有提問，並沒有寫書。他說「惡法也是法」，自行選擇了死亡。他以自己的死亡向後代人類提出了永遠的問題。

一個好問題可以大幅改變一個人。蘇格拉底希望能盡可能地改變人們，因此，

哪怕只多一個人也好，他見到人就提問。終究迎來了大機會，**就是能向人類提出偉大問題的機會，也就是以自己的生命爲擔保、向人類提出偉大問題的機會。**

蘇格拉底已經領悟到活得有意義比活得長久更重要，於是欣然喝下毒酒，然後人類在近兩千五百年來，持續以蘇格拉底留下的疑問來詢問自己，也就是「認識你自己」「是時候離開了，我們各走各的路吧！我是爲了死亡，你們是爲了生存，只有神知道哪一邊更好」「需求最少仍能感到滿意的人是最富有的人」。人類就是在不斷詢問自己的過程中進步的。

你現在所處的狀況是「事實」，事實不會改變，卻可能因爲你的心態轉變而有天堂或地獄之別。蘇格拉底並不把死亡看作恐懼或地獄來接受，而你會怎麼接受呢？接受就是徹底的理解。

應該要提問。光是問自己一個好問題也能改變人生。看書時也是這樣，要有問題，書才能提供答案。如果現在有煩惱，就抱持著煩惱來閱讀吧！一旦提出問題，大腦就一定會試著找出答案。因此，如果一直抱持著問題來閱讀，就會在某個瞬間找出與自己的問題有關的答案。請像蘇格拉底一樣對自己提問吧！

期待有人生書籍，就親自去找吧！

在我到各地演講的過程中，常常聽到有人問：

「請推薦人生書籍。」

這種時候我都會回答：

「沒有人生書籍。現在你讀的書就是人生書籍，因爲人會一直改變。」

眞的是這樣。我的人生書籍一直在改變。二十歲時，我的人生書籍是李時亨博士的《用膽量生活》；三十歲時，是尼可斯．卡山札基的《希臘左巴》；四十歲時，是崔鎭碩教授的《人畫出的紋樣》，現在則是手中拿著的杜斯妥也夫斯基的《卡拉馬助夫兄弟們》。雖然我各舉一本書爲例，但事實上，我讀過的所有書都是我的人生書籍。

如果我在沒有讀過其他書的經驗下，就直接讀了《卡拉馬助夫兄弟們》，那麼絕對無法得到現在感受到的快感，也絕對無法得到這樣的領悟。**所有的書都是爲了幫助彼此而存在的，就像所有的生命體都是爲了幫助彼此而存在的一樣。**

世上沒有一本人生書籍能告訴我們世上所有的智慧。世界一直在改變，我也在改變。曾經覺得像是人生書籍的書，現在看來可能會覺得很無聊；過去完全不被感動的書，可能也會給人一種滲透全身的戰慄。

所以千萬別拜託他人告訴你人生書籍。若期待有人生書籍，就親自去找吧！向別人詢問人生書籍的心態是想要以更輕鬆、更快速的方式得到領悟。要是那麼著急，再好的書也絕對無法成爲人生書籍。應該要由自己尋找，不，根本不要試圖尋找，而是要默默地閱讀並等待。當書和你的人生達到諧調的時候，那本書就是你的人生書籍。如此進步後再繼續閱讀，又會遇到更好的書。

我們活在當下，所以現在讀的書就是人生書籍。我從二〇二二年秋天起，演講時都把喬登．彼得森的《秩序之上》當成人生書籍；到了二〇二三年演講時則是把潘七煥詩人的《笑的力量》以及瑞．達利歐的《原則》當成人生書籍；現在當然是把《卡拉馬助夫兄弟們》當人生書籍來介紹。

要記住，一本書無法說出所有人生的答案。你讀過的每一本書都會成爲你身上的細胞，逐一增加。每當這些書本的細胞增加時，你就會成長。當書架上堆滿書、體內堆滿閱讀細胞，最終你會成爲巨人。

「喚醒內在沉睡的巨人」這句話就跟「喚醒內在沉睡的書籍細胞」一樣。巨人會從高處俯瞰世界，在那下面有你想要的一切，該往哪裡去也會看得一清二楚。你現在讀的書會讓你變成巨人。把所有的書都當作人生書籍來讀吧！我的人生書籍不能保證會成爲你的人生書籍，因爲你跟我不同。當然，可能會有助於激發熱情，但是我的人生書籍無法立刻成爲你的人生書籍。

再次強調，閱讀最重要的是放下急躁。別擔心，只要開始閱讀，急躁就會自動消失，也會自動知道如何尋找人生書籍。所以相信吧！只要相信書的力量，堅持閱讀就可以了。

每個人現在擁有的宇宙是有一定大小的，而且也有符合那大小的書。讀越多書，宇宙就會越大；宇宙越大，越能讀大書。小宇宙裝不下大宇宙。這就是爲什麼你在看其他人都說很厲害的書時，會覺得無趣的原因。但是不要放棄，把它放在書架上吧！當你的宇宙透過閱讀變大之後，書架上大宇宙的書就會映入眼簾，到時候再把那本書裝進你的宇宙裡就行了。

所有你握在手裡的書都是人生書籍。書不是獨立的，是互補的，就像這個宇宙一樣！書是宇宙，而把那本書握在手中的你，此時此刻就是神。

發現眞理的鐵則就是「我唯一知道的事，就是我不知道」

從現在開始，我要講一個在網路上讀到的狼的故事。

一位充滿智慧的老爺爺要跟孫子說以前的故事。

「孩子，在人的心裡住著兩隻狼。那兩隻狼總是爲了取得優勢而爭鬥。」

通常說到這裡，大家都會說「喔！我知道這個故事」，然後就不太想聽後面的內容。但是，這眞的是大家已經知道的那個故事嗎？

首先準確地說，這不是已知的故事，而是聽過或讀過的故事。再加上，我們所處的情況和煩惱每時每刻都會變化，所以即使是同樣的故事，聽起來也絕不會一模一樣。

其實人生的眞理很簡單，甚至我們已經都知道了，怎樣才能減肥、怎樣才能讓餐廳生意興隆、怎樣才能賺錢。問題在於，這個單純的眞理太單純了，以至於我們每次都會忘記或忽略。

眞理就在於人們認爲「我知道」的那裡。希望你在聽到或接觸到什麼東西時，不要說「喔！我知道那件事」就略過。只要再抓著那件事多想一想，一定會在其中找到眞理。蘇格拉底說：

「我唯一知道的事，就是我不知道。」

要以這樣的姿態生活，才能繼續發現眞理。

我們應該活在「我不知道」的前提下。如果因爲「我已經知道」就略過，那些知識對你而言就什麼都不是了。爲什麼學者們會反覆閱讀同樣的書呢？因爲現在身處的情況改變了，煩惱的問題也改變了。當時讀到的那本書、當時聽到的那句話、當時沒有領悟到的，現在都可以察覺到了。所以，雖然是以前聽過的內容，但我希望你還是能繼續聽下去。

閱讀量達到某種程度後就會變得驕傲。我也有過覺得自己讀了不少書而驕傲的時期，讀到自己知道的內容就會翻頁。但是現在我不會這樣了，當我聽到以前聽過的內容時，我會更努力地抓住它並思考。

好，再繼續講爺爺的故事。爺爺解釋了兩隻狼。

「一隻負責憤怒、嫉妒、貪婪、恐懼、說謊、不安、自大，而另一隻負責和平、愛情、憐憫、親切、謙虛、正面思考。」

孫子問：「那誰會贏呢？」

爺爺回答道：「你餵養的那隻狼會贏。」

第一次聽到這個故事時，我的感想是「沒錯，我要餵養在我內心正面思考的狼，所以要殺掉負面的狼」。

但這次聽到這個故事時，我有了不同的想法。兩隻狼都在我心裡，無法把兩隻都殺死，因爲生活不可能沒有不安、憤怒、貪婪、痛苦。所以，我能做的就是用書本餵養那兩隻狼，這麼一來，兩隻狼都會吃書，而負面情緒的狼會把痛苦轉化爲上進的痛苦，正面情緒的狼則會更加成長。

如果你總覺得那都是「已經知道的內容」，就不要放過，當作是訊號吧！抓住那個熟悉的故事，打開後咀嚼，然後翻過去吧！眞理就在「已經知道的內容」裡。再看一次那個已經知道的內容，然後實踐吧！

閱讀是爲了達成目標後、成功後的生活做準備

大多數人都在努力達成自己制定的目標，這是當然的，唯有這樣才能達成目標。但是，還有一件事比這個更重要，那就是要爲達標後的人生、成功後的生活做準備。

最容易有共鳴的例子應該是演藝圈。有些藝人突然爆紅後，身邊的人就會發現他變了。幾個月前的他們還是表現得謙謙有禮、態度良好，卻突然間變得傲慢，鬧出讓周圍的人皺眉頭的事情。

必須閱讀的原因就是爲了在達成夢想後能過得更好，也就是爲了擁有名氣、金錢和權力後的生活做準備。如果不事先透過閱讀做好準備，等到握有權力後，就有可能會暴露出內心的黑暗面。

在喬登・彼得森的《生存的十二條法則》書中提到這樣的內容。只要是人，誰都希望能得到力量，因為擁有這樣的力量後就可以滿足自己無限的欲望。但他也說，這並非是好事。來看一段他寫的內容。

但這並不代表一切。在擴張地位的同時，也滋長了內心的黑暗。對血腥、強暴及破壞的貪欲，絕大部分都屬於權力的誘惑。（省略）權力也意味著有能力復仇、令他人屈從以及擊潰敵手。

——摘錄自《生存的十二條法則》

實現目標的過程中勢必會伴隨著巨大的痛苦和忍耐。因此，不僅是在實現目標的過程，在面對人際關係時也會一而再，再而三地忍耐。但是，想像一下自己某天成功了，掌握金錢和權力，那麼這段時間累積的緊張感就會緩解，今後沒必要再忍了。因此，在那一刻，心中長期壓抑的黑暗就找到最佳機會冒出頭，像是已等待許久般，無視、輕蔑、指責、憤怒等情緒一一爆發出來。但我們也很清楚，當黑暗的力量出現時，生活會出現怎樣的結局。

不能只爲了達成目標而努力，一定要爲了達成目標後的生活做準備。如果沒有事先爲了獲得名氣後、賺錢後、累積權力後的生活做準備，內心的黑暗就會吞噬自己。

你問，明明就還沒成功，幹嘛要準備以後的人生？我們現在是爲了成功而努力，還是爲了失敗而努力呢？我們正在努力取得成功，因此我們一定會成功，所以當然也要從現在開始準備成功以後的生活。

看到什麼就讀什麼吧！從雜亂無章中培養想像力

李御寧教授在《李御寧的最後一堂課》中談到閱讀的方法。

我並不因爲義務而閱讀。我會跳過無聊的地方，只找一些明顯有趣的部分來讀，就像蝴蝶採花蜜一樣。

——摘錄自《李御寧的最後一堂課》

是不是很美？竟然能把閱讀法比喻成蝴蝶採蜜。

喜劇演員在將一個段子搬上舞臺前，會互相丟出數十種題材。如果一週要拍攝一個段子，至少需要三天開創意會議，幾乎每天都開到凌晨三點。

一開始喜劇演員會將提出的創意清楚地列在白板上，但是從某個瞬間開始，創意會隨興發散變得毫無章法、沒頭緒。大家東試西試，試到後來，都沒辦法整理想法了。

喜劇演員本來就常常進行創意會議，所以能夠以身體感知。**要是覺得點子還不夠好，就絕對想不出好點子。這種時候不是要製造出創意，而是要蒐集很多經驗和素材，就像注入汽油一樣。各自提供素材後就開始東翻西找，弄得雜亂無章，然後等待創意變得清晰，這時會切身感受到創意即將誕生。我們每週就是這樣抽出一段創意的。**

若想成功、若想支配世界，就要閱讀各種領域的書，把想法弄得雜亂無章。如果爲了成功開設英文補習班，就只閱讀關於英文的書，那麼頂多只能賺到一定程度的錢。如果希望創立既能賺錢、自己也開心，又能培養學生實力的厲害的英文補習班，那就要讀小說、讀勵志書，有時還要讀旅行遊記或童書。要透過閱讀培養想像力並提出問題，把大腦翻弄得雜亂無章。繼續重複這個過程就會明白發揮創意的時間點！

眞正有價値的創意會在某一天「蹦」地出現。但這是有前提的，也就是說，一定要對自己提問。讀到《經營一千元》時，我的想法跟作者朴正富會長（韓國大創（Daiso）的創辦人）一樣，覺得應該專注在一千元、一百元上，並問自己「有能賺到一千元、一百元的產品嗎？」。兩天後，我在凌晨三點要起床餵貓時，睜開眼睛的那一刻想起了「小創」的點子。

「小創」專門賣五千元的小菜，就是製作國民小菜——豆芽菜、菠菜、魚板、豆腐、醃大豆、魷魚絲等小菜來賣。重點是商店的位置。我想向大創的朴正富會長提議，在全國的大創店內租下一坪多的小空間來銷售「小創」的小菜——我已經在多個YouTube影片提到這個「小創」的創意，大創很快就會聯繫我的——結果並不重要，創造這種想法的過程本身就是幸福。透過持續經歷這種幸福的過程來發揮創意，最終都會實現的。不需要急躁。只要相信一定會在自己的時機點實現就行了。

並不是想著「今天就要創造出能賺很多錢的驚人點子」就能想出點子。即使熬夜一天、一個月，想破頭也想不出來的。**創意不是費力就能萌生，而是自動產生的。即使徹夜握著沒有汽油的汽車方向盤，汽車也不會動。應該要在腦中注入汽**

油。正如我在前著說的：「書是汽油，演講影片是機油。」要透過閱讀培養想像力。

演講影片有激勵的作用，但不能培養想像力；是單方面灌輸資訊，激發人們的熱情。雖然能在影片中獲得知識，但智慧必須透過自己的思索磨練而產生。如果期待產生眞正有價值的點子、能賺錢的點子，就閱讀吧！就算勉強自己也還是讀吧！不要只讀一個領域、只讀自己喜歡的領域，看到什麼就讀什麼吧！

我在寫這篇文章之前也看了一整天的書。寫不出東西時不能硬著頭皮寫。很多作家在寫不出東西時就會閱讀，而且還是瘋狂地讀。我的閱讀能力是每天三百頁左右，但如果想寫文章，每天就會讀六百頁左右。我會坐十個小時以上，一動也不動地只閱讀。這樣讀幾天後，會感覺到大腦都被塡滿了，而且腦中的文章也已經迫不及待要冒出來了。就像爆爆米花時，油溫逐漸上升、快要爆炸之前的狀態。這時只要打開筆電就會自動寫出文章。如果寫著寫著，冒出來的力量減弱了，只要再閱讀就可以了。所以我在寫作的時候並不擔心，因爲我確信只要閱讀就會自動寫出文章。點子也是一樣，你是怎麼想出點子的呢？現在靜靜地坐著想出一個能賺錢的點子看看！這並不容易。

不需要擔心自己讀過後會忘記。所有的內容都會累積在潛意識裡。不久前我在演講時，突然冒出二十幾年前讀過的書的內容和句子，嚇了一跳。這表示，我們讀進去的內容都整整齊齊地儲存在體內，必須在其中加入其他書籍的內容，發揮牽引的角色，它們彼此才會互相產生化學作用，擴散出來，創造力就是這樣發揮的。然後要相信你的潛意識，也就是在你體內沉睡的巨人！

這就是《孫子兵法》說的「勝兵先勝，而後求戰」的方法。往後不要害怕與世界打仗。你會感受到思想量表持續上升，就像汽車的油量表逐漸上升一樣。當你達到無法再加油的滿油狀態時，做什麼都可以成功。

不要著急，一點一滴持續累積吧！透過閱讀增加你的思想壓力，使你的創意像爆米花一樣爆炸。當你達到能發揮創意的階段時，你的錢也會像爆米花一樣炸出數百、數千倍。想想看這是多麼棒的事啊！

人生和閱讀都是一場沒有盡頭的馬拉松

閱讀和人生都是長跑，兩者的終點都是死亡。我們這一輩子都是透過閱讀造就人生。

問題在於閱讀是一件效率很低的事情。要耗費大量的時間承受肉體上的痛苦，才能好不容易讀完一本書，然後抬頭一看，累積的書比泰山還高。閱讀緩慢且痛苦，但是村上春樹在著作《關於跑步，我說的其實是……》中這樣說：

> 眞正有價值的東西，往往只能透過效率差的行爲才能獲得。
>
> ——摘錄自《關於跑步，我說的其實是……》

閱讀是一件效率很低的事情，既緩慢又痛苦，但是得承受這些，才能得到我們想要的。雖然是一條困難的路、艱辛的路、險峻的路，卻是我們在臨終一刻不會後悔、最簡單又最確實的道路。

村上春樹又說：

雖然人生無法確定，也無法知道正確答案，但我們依然在過生活。同樣的道理，我們無法得知這本書是否對自己有幫助、是否能幫我們找到生活的答案，我們只能一而再、再而三地閱讀。即使在恐懼中，也應該如此一步一步地向前走。

> 生活的品質，並不在於成績、數字和名次等固定的東西上，而是流動地包含在行爲本身。
>
> ——摘錄自《關於跑步，我說的其實是……》

這是多麼令人痛快的一句話啊！結果不重要，重要的是行爲本身，也就是過程。然而，這意思並不是每天都要拚命生活，不是要你每天凌晨四點起床，工作、閱讀到晚上十二點，過著高強度的生活。重點是，在生活的過程中抱持著不屈不撓的心。

隨便翻書、大概瀏覽也可以說自己讀完了，可是自己很清楚「我沒有好好地讀」。當你找藉口說想要快點看其他書而扔下沒有好好讀完的書時，會感受到一種不痛快的心情。不該容忍這樣的心情，應該告訴自己「不能這樣」，然後重新好好讀完原本在讀的書。這就是我說的不屈不撓的心。

村上春樹之所以說成績、數字、名次不重要，是因爲「人生不是要勝過別人，而是要勝過自己」，爲了勝過自己，需要百折不撓的心。

神在創造人的時候，就配置了喜歡舒服的本性，所以我們會想要一直躺著滑手機之類的，什麼事都不做。但是當人類越是具備理性時，想挑戰神的念頭就越強烈，會產生一種意志——不願意按照神賦予的本性舒服地生活，而是自行設定標準，按照那個標準來生活。結果就是，有人雖然想躺下卻不躺下，而是殘酷地逼迫自己；即使達不到頂峰也不停止，而是更邁開大步地迎接死亡，這種生活就是在挑戰神。如果你手裡已經拿著書，就表示你不會讓自己再安逸下去了。你主動選擇了痛苦。我理解你，很高興見到你，同志！

問問那些跑馬拉松的人和登上高山的人爲什麼要跑、爲什麼要爬，他們不會回答的，因爲即使回答了，你也無法理解；同樣的道理，即使你問我爲什麼要這麼努力閱讀，我也無法給你痛快的答案，因爲無論我再怎麼向不閱讀的人解釋爲什麼要經歷這種痛，他們仍無法理解。如果你還是想知道，就直接去讀吧！向神挑戰吧！

3

等待期間要做什麼？

「肯定句」的力量！堅持下去，你將感受到威力

有一件事我每天都會做，一天也不漏，那就是呼喊肯定句。

我相信肯定句的力量。實際上，我在寫上一本書《這本書是關於如何賺錢》時，每天都在欲知島上喊著：

「二〇二二年我賺了十億，公司賺兩億，當喜劇演員賺一億，賣出了四十六萬六千六百六十七本書。謝謝！」（當時書價還沒決定。我只是單純地計算，假設一本是賣一萬五千元，那麼要賺七億的版稅，就要賣出四十六萬六千六百六十七本書。）

我實際體驗過肯定句的威力，所以一直到處跟大家分享這股力量，但有些人不相信我說的。因此，當我思考如何才能更有邏輯、更客觀地向他們說明時，腦中就浮現「掃描」的威力。

呼喊肯定句的過程如下：

1. 每說一次肯定句，就會掃描自己。
2. 檢視自己有何種價值、有何種能力。
3. 我知道自己還不足以達到我呼喊的目標。
4. 我承認自己尚有不足，但我熱情滿滿，且自動自發地努力。
5. 最終實現宣言。

每天呼喊肯定句一百次，呼喊時大腦會掃描自己。以下我會說明在寫上一本書的過程中是怎麼呼喊肯定句的。

在喊著「賣出了四十六萬六千六百六十七本書」的同時自然會掃描自己，「我高明煥眞的有那種能力嗎？」（第一階段）。

一直喊著喊著就會開始檢視自己現在是否具備那樣的能力（第二階段），然後重新閱讀我寫的內容，也看看暢銷作家的書，思考自己還需要補充哪些部分。

讀著讀著，就會明白我的內容還達不到暢銷書的標準（第三階段）。「這種程度的內容無法感動人，這種程度的內容無法成爲暢銷書，我應該要再多讀點書」。

標準提升後，我對自己越來越嚴格，很多文章寫了又刪，還會不由自主地開始閱讀其他書。即使熬夜讀了一整晚，早上繼續閱讀時也很開心（第四階段），然後繼續寫書。這次能感覺到我的大腦非常滿意，然後第二天又喊一百次肯定句，重新掃描自己。

經歷這樣的過程後，我就能成長（第五階段）。

書本出版後，我的肯定句自然而然地改變了，不，是自動改變了。

「今年我賺了十億，公司賺兩億，當喜劇演員賺一億，開連鎖店賺了七億，還寫了對人有益處的書。謝謝！我成爲暢銷書作家了！」

該書於二〇二二年九月十九日出版，但是那時我的點子已經透過連鎖店賺了七億，也讓我萌生開新店的信心（二〇二三年三月蕎麥牛胸店在鉢山站開幕），所以當時賺到的錢還不包含版稅，但是奇蹟發生了。在我寫作的這一刻，二〇二二年十一月三十日這一天，我的書《這本書是關於如何賺錢》在出版七十天後已經第二十刷了，還收到了許多演講邀請。二〇二三年，書籍相關收入應該會超過七億。結果，去年冬天呼喊的所有口號都實現了，甚至超過了目標。

肯定句不是喊出來就一定會實現的，必須理解這個過程，也需要努力。不能什麼都不做、只是呼喊肯定句。呼喊肯定句時要開啓所有的感官知覺，你會發現自己的能力明顯不足以達成呼喊的目標。在這裡就能看出高下——有人會問：「欸唷，這行得通嗎？」然後放棄，但有人會說：「原來我還不夠好！該怎麼做才能實現目標呢？好吧！先去圖書館看書好了！」

會很明確地分成這兩種。你要選擇哪一邊呢？

必須了解原理，再實踐肯定句。如果產生了想放棄的念頭，就先設定小目標，讓自己常常成功。不要放棄。只要堅持下去，肯定句的力量也會增加。肯定句最大的優點是讓你認識自己，知與不知有天壤之別。先了解後再行動吧！

我的內在有很多個「我」，需要一一去發現

我們的身體裡已經存在著偉大的「我」。所以，我們要發掘的是內在已有的東西，而不是從外部獲取原本沒有的東西。我的內在有著很多個「我」，需要一一去發現。

在我的身體裡有當喜劇演員的「我」、開餐廳的「我」、身爲作家的「我」。這些「我」都是透過閱讀找到的，而且我相信在我體內還有其他尚未發現的「我」，我實在太好奇那些還沒有被發現的「我」，所以更努力閱讀。看到烏克蘭喜劇演員澤倫斯基竟然選上總統，我也描繪著身爲總統的「我」，還有在欲知島上挖薺菜、身爲自然人（語意出自韓綜《我是自然人》節目名稱，指在深山野外過著原始生活的人）的「我」。

現在的「我」是已經被召喚出來的「我」。如果不喜歡現在的「我」，就應該找出在自己體內的另一個「我」，這並不容易，然而原地踏步是絕對找不到的。

如果不盡全力尋找「我」，最終在面對死亡時會後悔自己沒有以眞正的「我」生活過。從找到眞正的「我」的那瞬間起，「我」的人生才開始。

唐吉訶德到臨死前才意識到自己生來就是個冒險家，但是回顧自己的生活，卻連一天也沒有以冒險家的身分活過。於是，他醒悟後立刻套上破舊的盔甲，騎上老馬羅西南多（西班牙語直譯，暗喻劣馬之意）去冒險了。從那個時代來看，他可能會在山裡遇到猛獸或盜賊而身亡，但是唐吉訶德還是出發了。他的意志是，即使只活一天，也要以眞正的「我」的身分度過。死亡不是問題，長壽也不重要。用假的「我」活得再久又有什麼意義？

「我」的人生才起步，這多虧了讀書召喚出體內的眞正的「我」，也就是身爲作家和講師的「我」。而我最想召喚的是創意發散圖書館館長的「高明煥」。

我出生的目的是要向大眾傳播正能量，並且選擇了閱讀、演講和圖書館的形式。我相信我已經找到了百分之九十九的「我」，但是我依然爲了尋找尚未找到的那百分之一的我而閱讀。究竟還有什麼樣的「我」隱藏著呢？尋找的過程令人興奮，讓我不由自主地勤奮閱讀。

能喚醒在我體內沉睡的衆多的「我」的咒語就藏在人文、古典、哲學和詩中。要在讀完這些書後提出問題，沉睡的「我」們才會回答。「我」聽到問題後會抬起頭，張開手，走向世界。過去你那麼期盼能擁有財富自由，獲得五百億、一千億，擁有那些財富的「我」正沉睡在你的身體裡。任何人都一樣，每個人心中都有這種沉睡的「我」，關鍵在於誰能喚醒，而閱讀就一定能喚醒。

除了人類之外，自然界所有的生命體都是以原始的形態誕生的，只有人類生來就隱藏了原本的樣貌，所以人類出生的目的就是要尋找原本的「我」。安重根烈士（一九〇九年在哈爾濱刺殺日本首任韓國統監伊藤博文，被韓國人視爲民族英雄）生來就是個獨立運動家，他自己也發現了這一點，然後按照自己的宿命度過人生。

還有很多尚未出生的「我」。當越來越多的人活出眞實的自己時，世界會變得更美好。感謝爲了尋找眞正的「我」而正在閱讀本書的自己吧！對自己提問吧！

「我爲什麼出生？」

你能感受到體內無數的「我」正爲了回答這個問題而騷動嗎？恭喜，你馬上就要眞正「出生」，開啓新的人生了。期待你能以眞實的自我掌控這個世界。

做好準備，堅持下去，過上絕對不會失敗的人生吧！

我第一次讀《老人與海》時，被這句話完全迷住了。

一個人可以被毀滅，卻不能被打敗。

——摘錄自《老人與海》

「是的，即使戰爭或新冠病毒侵襲並且摧毀了我，我也絕對不會被打敗。秉持著不屈不撓的意志，就連死亡也奈何不了我。世界放馬過來吧！」猶記得第一次閱讀這本書當時的心情。

在寫下這段話的現在（二〇二二年十二月二日早晨、肯定句吶喊第三六七天），很多經濟專家預測說「二〇二三年是需要堅持的一年」，當時我想「要堅持就要看《老人與海》啊！」於是重新翻閱，後來看到第三十三頁時，全身起了雞皮疙瘩。

> 對，用這種姿勢堅持下去就可以了。
>
> ——摘錄自《老人與海》

不會只有我一個人遇到經濟困頓的，每個人都會遇上，而獲勝的方法就是像老人那樣正確地做好準備並且等待。

釣過魚的人應該知道，在船釣途中移動到其他地點時，有些人會喝咖啡休息，有些人則會檢查釣魚線有沒有損壞、有沒有打結。**這微小的差異會在釣客遇見夢想中的 BIG ONE，也就是大魚時，產生龐大的差異。只要準備好就能收獲，否則即使魚上鉤了，也會因爲釣魚線斷裂而溜走。**

機會不知何時會到來，但如果不充分準備就會錯過。正如老人所說，只有正確地做好準備的人才能抓住機會。這裡提到的正確的準備，就是我說的「要過著絕對不會失敗的生活」。那麼，只要做兩件事就可以了，早上的吶喊肯定句和閱讀三十分鐘！如果貫徹這兩個方法就能讓你順利撐過二〇二三年，甚至還能一次就抓住機會。

人們會說：

「在這麼艱難的時期，他的運氣也很好。」

不是運氣好，而是過著絕對不會失敗的生活，後來就一把抓住了等待已久的機會。一起來試試看吧！這一點都不難。

就只要做兩件事，每天早上喊出肯定句，再花個三十分鐘閱讀。我每天都會上傳肯定句到Instagram和YouTube上。剛開始一個人喊會很尷尬，只要持續收看我的影片跟著一起喊就行了，習慣後就會想著獨自吶喊。到那時候，只要高喊專屬自己的肯定句就可以了。你已經抓住二〇二三年的機會了！

不要怕跟別人想的不一樣，成爲沒有概念的人吧！

你知道「概念」的「概」的涵義嗎？

到米店買一合米時，老闆會拿秤量一合的米斗並舀出超過的量，接著再用一種工具抹平，米斗的米就會剛好一合，那個工具叫作「界尺」，就是「概」的意思。也就是說，「概念」就是「抹去你多出來的想法」，聽起來是不是很嚇人。

我在《人畫出的紋樣》讀到這句話，明白「概」的涵義後，不禁發出驚嘆。說不定這就是爲什麼韓國還沒辦法成爲已開發國家、爲什麼我還無法變得偉大的原因吧。大家努力地生活著卻時時擔心「棒打出頭鳥」，因而壓抑了自己的想法。

以後要是聽到別人說：「你怎麼這麼沒有概念？」應該開心才對，因爲這句話的實際意思是「爲什麼你有這麼多創意？」

西方的思考是以自己爲出發點，一切以我爲主、從我開始；相反的，東方的思考是內斂的，認爲謙虛是一種美德。因此，西方的刨刀在削木頭時是往外推，而東方的刨刀在削木頭時是往內拉；數錢的時候，東方人是一張張往內折，西方人則是一張張往外扔；西方習慣發散式的思考，東方則習慣歸納式思考。這就是爲什麼美國位居世界首位，韓國還是發展中國家。

有個詞叫「優勢識別」（Strengths Finder），意思是要讓擅長的事情變得更擅長。假設我的小孩國文考了一百分、數學考了三十分，那麼應該送他去補習哪一科呢？大部分的人應該都會送孩子去數學補習班，但是我認爲要送孩子去補國文才對。國文能考一百分的孩子表示他覺得國文很有趣，而且很擅長，所以才能考到一百分，可以說他具有語文天賦；數學考三十分表示他不感興趣、覺得無聊，沒有數學天分。如果繼續送這個孩子去補數學，雖然會提高他的數學成績，但也會讓他對學習失去興趣。然後，有那麼一天，從成績分數來看，他就是個國文七十分、數學五十分的，在平均標準以下的孩子。

我爲什麼能這麼確定呢？因爲我讀過《下流志向》這本書。書中記載這麼一段軼事——中國乒乓球之所以居世界首位，是因爲中國以優勢識別來訓練選手。對於善於進攻、不善防守的選手，教練會更加強訓練進攻，這樣就不太需要防守了，因爲他們一次出擊就會結束比賽。

老虎·伍茲在全盛時期能獲得「高球皇帝」稱號也是因爲優勢識別。老虎·伍茲的長打打得最好，沙坑球打得最差。高爾夫球賽主辦方在設計高爾夫球路線時，會在所有選手都可能會掉球的地方設置沙坑。因此，對於不擅長沙坑球的老虎·伍茲來說，沙坑一直都是他的危機。但是老虎·伍茲最棒的老師、傳說中的教練布奇·哈蒙並沒有讓他練習沙坑球，而是強化他的長打，讓他可以打得更遠。由於訓練他做更擅長的事，使他得以完全擺脫危機。

一百分並不是終點，還有一千分、一萬分。不要因爲一百分就不多思考，反而要在擅長的領域激發出更多想法。不要迎合平均標準，而是成爲與衆不同的人吧！

不要因爲別人的想法和自己不同就排斥，抓住這個機會，發展成不同的想法吧！想法不該被壓抑。做個沒概念的人吧！

幸運是努力相乘的結果，付出越多，收穫就越豐盛

《擁有》（*The Having*）書裡有這樣一句話，我對這句話深有同感。

> 幸運是我們的努力相乘的結果，不是相加的結果。
>
> ——摘錄自《擁有》

不付出任何努力的人，即使莫大的幸運降臨，最終也是什麼都沒得到。這就是爲什麼幸運不會降臨到什麼都不做的人身上。其實幸運常在我們身邊，只是我們沒認不出來而已。幸運與機會總是在近處，但是我們看不見，唯有提升努力的指數才能看到幸運。

「大家都叫我要努力，但我不知道該做什麼。」

不少人有這樣的疑問。其實只要閱讀就行了。每個人擁有的幸運和機會都是一樣的。雖然我們會說某某人運氣很好，但是我們並不知道那人付出了多少努力。

努力×幸運＝結果

這是眞實不變的法則。我們要做的就是增加「努力」的數量。只要抱持著「每讀一本書，數字就會變大」的想法就行了。我讀了很多書，過程中體驗到很多看似不可能發生的奇蹟。書讀越多，我的幸福也會越多，錢當然也賺得更多。幸運要由人來培養，並不會自然形成而降臨我們身上。

因此，什麼都不做的人，即使幸運降臨到他身上，也不會發生任何事情。

無×幸運＝無

如果一直維持這種狀態，就會拿自己跟被幸運之神眷顧的人比較，只會收獲壓力。此外，還有一個法則。

不努力－幸運＝結果

這是負幸運法則。如果什麼都不做，不只會停留在原地，還會落後，因爲世界在改變，大家也都在成長。如果你一直什麼都不做的話，幸運就會變成負數，-1、-2、-3……負值越大，最終自身擁有的幸運就會變成不幸。人就是這樣變得不幸的。

仔細觀察周圍運氣好的人，他們肯定在忙些什麼。他們越努力，就會招來越多好運。

如果覺得自己已經夠努力了卻沒有幸運降臨，那麼我想說，幸運降臨的時刻會因人而異。因此，不要著急，要相信有屬於你的時機，然後不斷累積數字。我也是這樣度過了二十歲、三十歲，直到四十五歲之後才開始感受到幸運。但是也多虧了之前累積的許多努力，所以才能收獲極大的幸運。這樣想來，幸運越晚降臨越好，因爲努力的數値一直在累積增高。因此，不要著急，反而要期待幸運晚點降臨。

幸運一定會到來，不要放棄，只要默默地等待它成長就好。我每次去圖書館都感覺到幸運的體積在增加，所以哪怕只多一天也好，我也想要更常去圖書館。這週去圖書館三天就是累積了三分的努力，因此我想將下週努力的數字定爲四，不只去三天，而是去四天，然後吶喊：

「這週幸運增加了四倍。」

這樣累積起來的幸運一定會化爲結果出現，有時會以看得見的金錢和成功出現，有時則以心靈的平靜和體會出現。不要因爲看不見就失望。內在的幸運會給人更大的祝福。

我感受到的內在祝福就是對未來的恐懼消失了。如果感受到越來越大的幸運，當然就會相信未來會順利。我是一定會成功的，所以不會在別人面前洩氣。我不會

跟別人比較，每天的生活都很充實，沒有壓力。這就是最大的祝福。人是活在當下、活在過程中的。每時每刻都愉快地度過沒有壓力的生活是最大的祝福。

如果你這樣過日子，錢自然會跟過來。現在讀這本書的你，你的幸運已經變成了兩倍大。幸運是由自己來培養的，機會也是由自己吸引過來的。我們已經學到了召喚幸運的成功方程式，現在只要實踐就可以了。

一週要去圖書館三次左右。即使不能去圖書館，也可以在任何地方閱讀，而且每天早上光是喊出肯定句，你的幸運也會成長茁壯，並且會在你眞正需要的時刻奇蹟般地出現。

人生看似不確定、雜亂無章，但並非如此，其實人生和大自然一樣遵循正確的法則，因爲我們人類也是大自然的一部分。現在知道公式後，只要照做就行了。自然萬物都在成長，只有我們人類還在原地踏步。因此，不管多困難也要一步一步地向前走。在你快要渴死的瞬間，再往前走一步，就會看到綠洲奇蹟般地出現。這就是幸運，是我憑著自己的雙腿找到的幸運。

讓我們在圖書館相見吧！

成功者都知道，與其後悔不如說些能進步的話

旅行時，一定會有同行的旅伴這樣說：

「欸，早知道就把媽媽準備的泡菜帶來了。」

「欸，早知道就帶件厚衣服了。」

甚至有人在面對人生的重大決定時也會這樣說：

「我當時應該要創業。」

「那時我不該結婚的。」

這世界上最無用的話就是後悔的話。在你說出「早知道就～」的那一刻，已經帶來負面的影響，不僅影響到自己，還會影響周邊的人。千萬不要說出後悔的話。**不要後悔，而要說以後會引以爲鑑，然後繼續做下去。不要說「早知道就帶來了」，而要說「喔！原來這種時候要帶泡菜啊！」「下次旅行時要帶上保暖的衣服！」然後深深刻在心上，這樣才能不留下失誤或後悔，不再重蹈覆轍。**

「早知道就去創業了」這句話也一樣，當你產生這樣的念頭時，該做的不是回顧過去，而是思考以後要往哪裡前進，並且一一檢視。逐步分析自己爲什麼會對現在的工作感到痛苦，然後找出可有改善的空間吧！如果沒有改善的可能，就衡量自己創業需要做哪些準備，並思考該如何準備。

我跟大家一樣，也會突然說出後悔的話。前一晚寫到一半睡著了，早上一睜開眼睛，就先想到「早知道就多寫一點再睡」，念頭一閃我立刻矯正心態，並說：「不是，還好我睡得很好。昨晚就算多寫，也不會寫出更好的內容。能睡個好覺就夠了。」其實仔細想想，這也是事實。

我們並不會因爲後悔就能改變什麼。與其後悔，倒不如說些能進步的話。如果沒帶泡菜，在路上買就行；沒帶到厚衣服，只要去溫暖的地方，不要去寒冷的地方就好；昨天沒看書，只要今天看就行了；之前沒能創業，現在開始準備就可以了。

成功的人絕對不會說出「早知道就～」，因爲他們已經知道最沒用的口頭禪就是後悔。

沒有實體的想像是空想，夢想要有根據才能實現

「現在的我是我的想法的結果。」

你應該聽過這句話。我們來思考這裡提到的「想法」吧！

生活並不會如我們的期待進行。就像有句歌詞說的「爲什麼悲傷的預感從來不會錯」，生活並不會如我們所願。

想像應該要確實、具體且根據經驗，這樣想法才能化爲現實。無法實現的想法是空想。查字典就會發現「想像」和「空想」有所不同。

想像：對不在眼前的事物，利用過去的記憶或類似的經驗，構想具體的形象。

空想：不切實際憑空冥想。

想像是可以在心中描繪的確實想法，從這個意義來看，前述歌詞所說的「爲什麼悲傷的預感從來不會錯」，雖然令人遺憾，但這是「想過」的結果。是因爲自己經常經歷，或者常常在周圍的人身上看到，所以想到了「悲傷的預感」，然後就這樣迎來了「悲傷的預感」的結果。

那麼爲什麼「成功的預感」總是錯呢？因爲沒有成功的經驗，而身邊也沒有人成功過。

「即使玩樂，也要在成功人士周圍玩樂。」

必須從成功人士身上聽到具體的成功故事，並想像那樣的生活才有可能實現；否則，茫然地想像坐擁五百億房屋的生活，只是不可能實現的空想罷了。

如果自己的夢想沒有實現，就表示過去都是空想。你能多麼具體地想像坐擁五百億房屋的生活？有跟這樣的屋主見過面嗎？是否讀過五百億房屋屋主寫的書？閱讀五百億、一千億資本家寫的書吧！透過書籍窺探他們的生活，並且在心中正確地描繪出來，這樣自己也才能成爲五百億富豪。

有人說任何電影都贏不了書，原因是，即使讀到同一本書，每個人所處的環境不同，所以各自會有不同的想像。書本能讓五百個讀過的人各自擁有不同的想像，但電影卻是將同一個想像呈現在大螢幕上，使得所有人的感想都雷同。

不要看描寫五百億屋主人生的電影，而要讀那個人寫的書、關於那個人的書，並想像自己有可能實現，這樣才能達成你想擁有五百億房屋的夢想。書裡不僅有富人的生活，也包含著人類能經歷到的所有生活。讀著那些生活，就會想像出適合自己的生活，最終會按照自己誕生的目的來生活。

除了書以外，能幫助我們讓想法化爲現實的就是藝術作品。聽貝多芬的《歡樂頌》一百遍看看！腦中會浮現出充滿歡樂的生活。聽越多次就越能具體地描繪出充滿歡樂的生活。這就是藝術作品的威力。如果直接叫大家想像充滿歡樂的生活，可能不太順利；但如果是聽著貝多芬的《歡樂頌》，即使不刻意想像，也能描繪出充滿歡樂的生活。聽了數百遍後，充滿歡樂的生活會清晰可見。這麼具體的想像一定會實現的。

要透過音樂驗證充滿確信的人生方向，而不是驗證盲目想像出來的生活，**因此才說藝術作品對人類有益，藝術家是很偉大的。畫作也一樣。看看那些歷史上受人讚揚的畫，你都可以從中找到眞正的人生。**所以爲了汲取這樣的靈感，要去畫廊站在畫作前，透過「畫」看到從未看過的、不曾想像的生活面。好好欣賞畫就是透過畫獲得生活的靈感。我們都是透過美術、音樂和舞蹈喚醒內在沉睡的巨人的。

「我不知道該怎麼生活。」

「大家都說要做自己喜歡的事情，但我不知道我喜歡什麼。」

如果你有這種想法，就去閱讀、聽音樂、看畫吧！什麼都不做是無法明白眞理的。書籍和藝術作品會告訴你夢想，並幫助你實現夢想。不要空想，而是想像在現實中實現充滿歡樂的生活吧！

不是要擁有些什麼，而是要累積心靈能量

「財富」不只是如亞當·史密斯所言，有用物資的累積，其精神其實是對其他人的掌握與控制，如此物資才會對擁有人產生效用。

——摘錄自《給後來者言》

讀到這裡時，我的大腦思緒翻湧，無法平靜，只好把書闔上。這一刻我領悟到眞正的財富不是累積的身外之物，而是隨身帶著走的心智。

我想像在戰爭下一切都化成廢墟時，有個人很努力地重建已然荒廢的城市，他安撫人們，振興經濟，憑藉內心擁有的力量，讓失去的一切從灰燼中重生。他內心的這股力量就是財富。眞正的財富不是你擁有的東西，而是存在你心裡的精神與智

慧。

內在沒有累積財富的人會羨慕別人。鄉下人憧憬都會的繁華，城市人嚮往鄉村的閒適；上班族羨慕勇敢追求夢想的創業者，創業者羨慕按時領薪水的上班族。這是因爲內在的力量匱乏才會如此。

我們都認爲眼睛可見的東西才是「財富」，譬如氣派的大樓、昂貴的車、名牌包包和衣服。但是，當戰爭爆發時，這一切將成空，大樓傾頽、汽車形同廢鐵、包包和衣服會被砲火炸得破爛不堪地飛散各處。然而，如果財富是存在內心的力量，那麼就算周圍成了一片廢墟，只要人還活著，財富就不會消失。

即使財產都化作灰燼還能重新振作起來，將這一切視爲理所當然的人，就是猶太人。猶太人掌握世界經濟命脈的原因，就是這股「身上擁有的力量」。猶太人是流散的民族，遠離故土落腳各地，父母和子女不知在何時會分開，所以猶太父母的教育理念，是培養孩子到八歲後無論在哪裡都能獨力存活，這就是著名的哈柏露塔教育法。

約翰・拉斯金在著作《芝麻與百合：讀書、生活與思辨的藝術》中談到眞正的教育。

教育不是在競爭中獲勝，準備「出人頭地，享受比別人更好的財富和地位」的過程，而是要透過書獲得最棒的智慧、沉穩的精神，讓內心越來越柔軟、血液越來越炙熱、頭腦越來越聰明、生命越來越豐富，從而變得寬大。

——摘錄自《芝麻與百合》

教育能使人寬大為懷。寬大為懷就是理解別人寬容以對。教育的目的不光是為自己累積財貨、不動產，更重要的是累積能力，讓自己無論貧窮或富貴都能幫助他人。

我們要追求的不是擁有多少外在物質，而是累積存在心靈的能夠幫助別人的財富和力量。人終究都不是為了自己而活，而是在幫助別人的過程中，找到眞正的人生方向。一直以來，我們所受的教育是要我們在競爭中贏過別人，享受比別人更好的財富和地位，然而這樣的教育卻讓我們找不到正確的人生方向。請變得寬大為懷吧！

錢、健康、睡眠、書，因爲「匱乏」反而能激起熱情

我剛進電視臺時，朴明洙朴兄曾說過：

「明煥啊，我們喜劇演員多半無法從零開始儲蓄累積資產，因爲錢一多了就想花掉、想玩樂。所以，只要一直創造負債，用還錢的方式賺錢就行了。你馬上去買一間房，然後努力工作到要付中期款（韓國買屋通常會有協議簽約→正式簽約（首付）→中期付款→尾款這樣的過程）時，繳完中期款項後，就突然擁有了一間房子。只要以這種方式先製造負債再償還就好，不想負債累累，就用這種方法存錢吧。」

這個方法非常了不起。實際上，我就是用這種方法買了很多間房子。

「了解自己是誰、是什麼樣的風格？」是很重要的。擅長儲蓄和累積資產的人可以使用正向增值的策略，而像我這樣不擅長累積，但擅長償還的人就要使用負向增值策略。關於金錢，《財富》雜誌評選爲百大富豪的世界頂級基金經理人瑞·達利歐這麼說：

事實上，錢太多比剛好更糟，會帶來非常沉重的負擔。

——摘錄自《原則》

我們就來好好地理解瑞·達利歐所謂得的「剛好」。

每個人都有自己的財富容器，若是所擁有的比財富容器少一點就會感到幸福。萬一擁有的比較多，只是徒增混亂和痛苦。擁有的越多就越痛苦，這是事實。而且擁有的少一點才能使人成長，人在成長的時候是最幸福的。如果你已經得到一切，甚至擁有更多時，勢必會走上錯誤的道路。這就是金錢的危險性。

如果能打造出良性循環，就能以這種方式賺到更多的錢，我就是這麼做的。想要讓財富容器滿溢，就要讓錢流動。自從我決定用超出我的容器所能承受的錢建造圖書館之後，錢帶給我的壓力就消失了，反而每天都過得很開心。

不要盲目的想要擁有很多的錢。就算你很想也不要去做，因爲即使你擁有了也不會幸福的。只要賺到略少於自己的財富容器就好，要是多賺了，就送出去，然後再繼續擴充財富容器。這就是能自動賺到錢的良性循環。

我從這些經歷中領悟到「匱乏」的力量。不論是財富、身體、睡眠、書，這四個方面都需要匱乏。

身體的匱乏在於少食（少吃），少食絕對有益健康。在現代社會，健康的目標不是吃什麼，而是如何排毒。要達成目標並不難，只要延長空腹時間，身體就會自動排毒。我們的腸胃在充滿食物時，只會專注於消化，要等消化結束後才會進入排毒階段，但如果腸胃裡一直充滿著食物就無法排毒，最終有害健康。因此，只要吃得少，身體自然就會變得健康。

睡眠也是如此。我算是睡得不多的人，這是爲了能夠隨時隨地倒頭就睡。

我在當藝人的時期因爲失眠而非常痛苦，當時對未來感到不安，導致我無法入睡。現在還有這樣的毛病，所以睡不著時就會整夜都睜著眼，這種時候連書也讀不進去。不過，我一定會睡午覺，無論是在車上，還是在三溫暖間，只要一倒頭就能睡著。睡二十分鐘後，頭腦就變得清晰，然後我會再讀書三十分鐘左右。我的餐廳的休息時間是我可以享受的最佳時光。

書讀得越多就越匱乏，因此會湧現想讀更多書的熱情。比方說，原本對量子力學一竅不通，根本不會有想要讀它的念頭，但在讀了一本關於量子力學的書之後，就會非常想讀相關的書。讀了尼采後，就會想讀其他哲學家的書。這種匱乏會變成熱情，持續閱讀到後來就會得到「理解」。到了這個階段，已經不在乎金錢，只要有書就能過上幸福的生活，而且神奇的是，從這時開始不再執著於金錢，反而更容易賺到錢。

希望大家都進入這個良性循環，不用經歷不需經歷的痛苦。愛上「匱乏」吧！

你能相信嗎？爲別人活，錢會自動跟過來

韓文的「남＝別人」這個字是在「ㅁ」上面放上「나＝我」。沒錯，若能爲別人而活，反而越能突顯自己，爬到自己理想中的位置。

宇宙的所有生命體都是爲了彼此存在的。草被兔子吃、兔子被狐狸吃、狐狸被獅子吃，那麼獅子呢？獅子死後會成爲草的養分。除了人類之外，所有生命體都知道並接受這個事實，這是本能。但令人難過的是，只有人類貪婪地利用理性，帶著自私的念頭，只爲自己而活。這樣自私地生活到後來，眞實的自我就無法表現出來，只能持續在內在沉睡著。

在我裡面有許多的「我」，其中眞實的「我」是爲了別人而誕生的。然而，就

是因爲沒有爲別人而活、只爲自己而活，所以眞實的「我」才無法甦醒。

最近我在各地演講的時候，常聽到有人說不知道自己眞正喜歡什麼。爲什麼他們會這樣說呢？因爲人們帶著只爲自己而活的標準，並以那標準來尋找自己喜歡的事物。

人生來就不該只爲自己而活，所以請拋下只爲自己而活的想法、建立爲別人而活的標準吧！現在大聲喊出自己的名字，問自己能爲別人做什麼吧！那麼沉睡的眞實的「我」會聽見你的聲音而甦醒。只要甦醒了，就透過閱讀持續拋出問題吧！

「明煥！我能爲別人做什麼呢？」

一開始無法理解這個問題所隱含的深意。因爲在思考能爲別人做的事情時，隱約地也在期待「說不定能賺到錢」。沒關係，任何人都是這樣開始的。沒錯！當然要賺錢啊！但是希望你能相信，如果眞的爲別人而活，錢就會自動跟過來。我現在就是這樣生活的。我體會這個原理之後常常問自己該怎麼做才能更爲別人而活，結果許多好點子接連不斷出現。當我實踐那些點子時，就自然而然賺到了錢。

我為了寫這本書而來到欲知島，我在開車的時候一直問自己：「經濟越來越不景氣，有沒有食物是我能做，而且便宜又好吃的呢？」於是就想到了五千韓元蕎麥麵的點子，店名是「高明煥的漢南蕎麥」。我就這樣開始在漢南洞經營一碗五千元的蕎麥麵店。

其實在來到欲知島之前，當時在漢南洞經營小吃攤的妹妹就拜託我幫忙她轉職。我真的很想幫她，因此反覆思索，我拜託我的潛意識想出一個能賺大錢的創業點子，結果潛意識就想出了五千元蕎麥麵（投報率二〇％）的點子。如果在漢南洞賣五千元的蕎麥麵，就等於是實行《孫子兵法》所說的「勝兵先勝，而後求戰」的公式。

以後我還會繼續挑戰開設五千元價位的餐廳，讓手頭拮据的人能放心地吃上美味的一餐。在擬定並準備這項計畫的過程我感到非常幸福，彷彿眼前就能看見人們笑著走進店裡，吃得津津有味後向我道謝、笑著離開的畫面。若有這種程度的把握，一定可以成功的。

為別人著想的心意，以及放下偏見，相信賣五千元的食物也能賺錢的信念，這兩者結合後誕生出偉大的創意。想到以後我將要開設的五千元餐廳，我的胸口就激動不已。

幫助別人成功來喚醒體內沉睡的、眞正的「我」

世界百大富豪之一、被美國《時代》雜誌評選爲全球百位最具影響力的人物之一的瑞・達利歐，在他自己的書《原則》中說：

> 我意識到，成功的滿足感並非來自於實現你的目標，而是來自於努力過。（省略）我還在奮鬥，會堅持到離開世界的那天，因爲即使我想躲開，困境仍會上門來。（省略）現在，我對幫助別人成功的渴望已經遠遠超過自己成功。
>
> ——摘錄自《原則》

請注意最後一句話「我對幫助別人成功的渴望已經遠遠超過自己成功」。我覺得這句話背後隱藏了一句「這樣生活後，我覺得是最幸福的」。

聽說瑞．達利歐的身價約爲一百七十億美元（約五千億臺幣）。就連這樣的人也說「無論怎麼努力，都會遇到困難」。生活絕對不會因爲錢多而變得舒服、自由，如果只追求個人的快樂、個人的幸福，生活就只會是痛苦。但是，即使沒有錢，只要抱持爲別人貢獻的心態，那麼從今天開始就會立刻感到幸福。

抱持喜悅的心情去負責別人不願意做的事情吧！剛開始會很累，但是只要多磨練就可以了。哪怕是刻意的，也要開心地處理別人不願意做的事情。在某個瞬間，你會看到眞正開心的自己。沒有人會討厭那樣工作的你，看到你一直那樣工作，他們會愛上你、尊敬你。人在得到另一個人的認可和尊敬時，是最幸福的。

如果一直都只爲自己而活，那麼到死之前眞的都不會知道自己爲何而生。人們都是這樣活著，直到臨終才後悔地說「早知道就多爲別人而活了」。喬登．彼得森也在《生存的十二條法則》中寫道：「做有意義的事，不要便宜行事。」輕鬆的路就是我們通常認爲的幸福的路，也就是賺很多錢後，只爲自己花錢，然後就那樣過完一生。過著那樣的生活，你一定會後悔的。

瑞．達利歐和喬丹．彼得森都是生活不匱乏的人，他們同樣都提到「爲別人而活」。剛開始我也是半信半疑，是後來透過反覆地閱讀才逐漸確信。當我帶著這股確信提出創意點子，並運用在事業上時，發現我每一天都很幸福，也過上了金錢自動滾進存款簿的理想生活。

來，閉上眼睛，把腦中那些之前覺得賺錢後要如何花在自己身上的想法全部丟掉，想像自己賺很多錢後爲別人而活的樣子吧！閱讀的人可以在腦中這樣模擬。你能看到你爲了別人而活的樣子嗎？那有多麼帥氣啊？看到一張洋溢幸福的臉了嗎？我們應該那樣生活。

如果想喚醒在你裡面沉睡的、偉大的眞正的「我」，那麼每天都要提問：

「○○！我能爲別人做些什麼呢？」

你很快就會得到回應。得到回應後，往後每天都過著快樂的生活，後來就會迎來美麗的死亡。這就是你出生在這個地球的原因。

閱讀
也跟尼采所說的
人生的三階段相似。

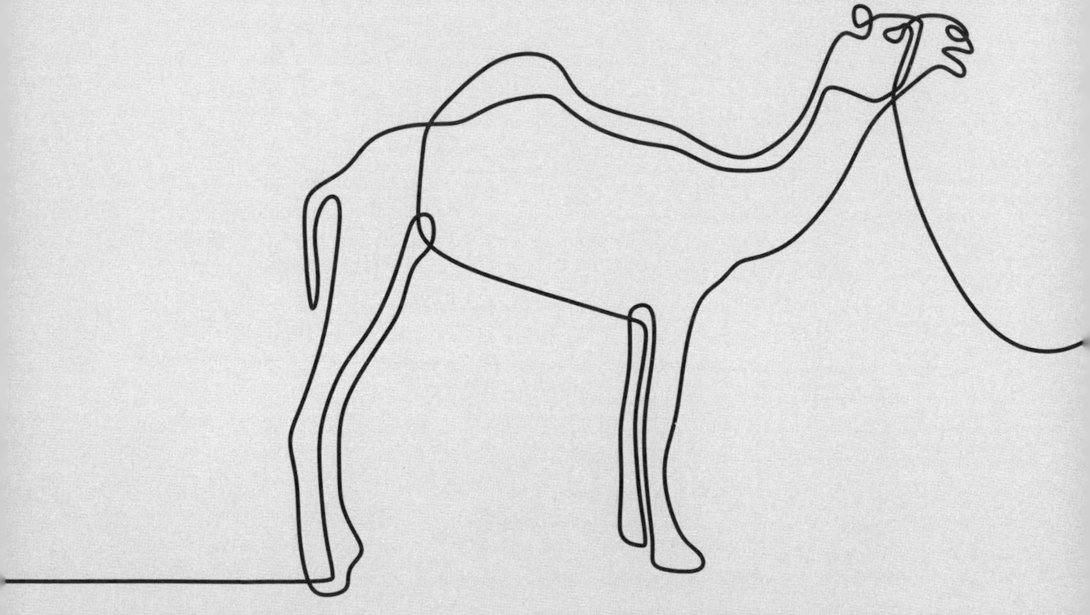

行走在固定道路上的駱駝，
開拓自己道路的獅子，
以最像自己的方式自由玩耍的小孩。

取法尼采精神三變的三階段讀書法

很多人問我關於閱讀的事，閱讀時應該要從哪裡開始？書該怎麼選？現在是否正確閱讀？

我非常感謝所有向我提問的人，我很高興能夠分享經驗，並為大家創造另一個價值，而且這些問題又能為我帶來其他的想法，這讓我感到很幸福。若沒有你們的提問，也就不會出現接下來我想說的這段話了。

閱讀也需要階段，我將這些階段稱為「駱駝－獅子－小孩」。

這一概念來自哲學家尼采。他在《查拉圖斯特拉如是說》說道：

我要向你們列舉精神的三段變化：精神怎樣變成駱駝，駱駝怎樣變成獅子，最後獅子怎樣變成小孩。

——摘錄自《查拉圖斯特拉如是說》

讀這本書時，我發覺這個概念簡直就是能說明閱讀階段的最完美方法。將駱駝、獅子、小孩的特徵運用到閱讀上，就會出現以下的現象。

★第一階段：駱駝

駱駝走在太陽曝曬的沙漠中，背著沉重的包袱，朝著主人所指示的方向不停地走著。駱駝原本只是靜靜地待著，卻有不知名的人過來，把不知名的包袱放在牠的背上，要牠朝著未知的地方走去。

話說大多數的人從出生到死亡都是帶著駱駝的精神，即使疲憊也不會思考為什麼疲憊，就這樣默默地忍耐，走著他人指定的路，任憑別人牽引。

★第二階段：獅子

首先，獅子是自由的，牠會決定自己的目的地，然後開出那條路。因為擁有無所畏懼的勇氣，所以即使害怕，也懂得自我克服。

這樣說起來，獅子似乎會比起駱駝幸福得多，但並非如此。獅子得要在弱肉強食的世界裡不斷競爭，有非贏不可的壓力，而且獅子只為自己狩獵，不願意分享，因此總是飽受生存壓力的折磨。

★第三階段：小孩

小孩能自由地享受，不受任何束縛。光是拿起路旁的一塊石頭也能玩上幾個小時，不亦樂乎；看到朋友過來時，會毫不吝嗇地分享自己擁有的東西。

他不會受別人指使而行動，也沒有想要戰勝誰的欲望，就是一個因身為自己而感到自由、幸福的階段，是最有自己風格的階段。另外，小孩極度樂觀，在孩子眼中世界總是美好的。

小孩就是我們最終要追求的階段。但是請務必記住一件事，那就是，閱讀必須經過駱駝和獅子階段才能進入小孩階段。沒有方法能一蹴可幾，也沒有辦法能輕易到達。

接下來我會介紹各階段的具體特徵、對生活的態度和閱讀方法等。按照目前所處的階段實踐這些閱讀法很好，但並非只能在那個階段進行。如果第一次閱讀就已經快速長出閱讀的肌肉，那就可以實踐小孩階段的閱讀法；雖然讀了數百本書，但如果已經陷入低潮或對閱讀失去興趣，那也可以實踐在駱駝階段進行的欺騙大腦的閱讀法。

再次強調，沒有什麼是絕對的。請按照自己所處的情況實踐吧！

4

駱駝階段：開始過不被牽著走的人生

無法滿足現狀，就學著看書吧！

很多人問說：

「所以，我已經知道應該要閱讀，但我不知道要從哪裡開始、該怎麼開始？」

恭喜你，你已經進入駱駝階段，這是進入獅子階段和小孩階段之前的第一步。一旦開始閱讀，自然就會進入駱駝階段，這是每個人都會經歷的階段，沒有人可以跳過、直接抵達獅子階段，所以不要因爲處於駱駝階段就灰心喪志。我們都經歷過相同的症狀：**像駱駝一樣默默地堅持忍耐，並在體內培養獅子的心臟，一旦有了獅子的心臟，就會自動從駱駝階段畢業**。不要著急，**一邊感受自己的步調一邊堅**

持下去，一定要挺住。

先來說明一下處在駱駝階段時會有的徵狀。

首先，駱駝已經知道必須讀書，但是不清楚該怎麼選書，所以要先學會搜尋，找出別人推薦的書，可以挑選暢銷書爲主。

・買了書卻沒讀

於是，駱駝決定選讀《三國志》而把書買回家。但是買了書卻沒有讀，或是就只讀了十幾頁，嘗試繼續看下去，幾次下來仍看不到一半。起初興致勃勃地把書買回家，後來卻只是一直堆著不看。

・可能聽過書名，但不知道內容

然後，駱駝又聽說了《德米安》和《老人與海》這幾本書很不錯，彷彿聽過書名，但是不知道內容在講什麼。

•一翻開書就想睡、容易分心

駱駝決定開始閱讀時，很容易就會湧現睡意，不然就是很容易分心，老想起其他事情。一想到其他事情，就拿起手機搜尋，浪費了幾分鐘，之後再打起精神回到書本，卻已不記得剛剛讀過的內容，結果只好重頭看，但是這次又犯睏了。還有些駱駝會一直盯著時鐘，急著知道自己已經看了多久，或是想知道自己讀了多少而一直往前翻，或是拿起手機想記錄，結果一滑開手機又浪費了三十分鐘。儘管如此，還是下定決心繼續讀，就像寫作業的孩子那般，試圖一下子讀很多。

•還不知道如何問自己問題

雖然我建議邊看書邊提問，但在駱駝階段通常不知道該問自己什麼。比方《三國志》裡會出現許多國家和人名，光要把這些記住就很吃力了，根本想不出什麼問題來。

我剛開始也是這樣的。這是任何人一定會面臨的時期，不經過駱駝階段，就絕對無法到達小孩階段。

如果你正在駱駝階段，就表示你開始重視工作與生活的平衡，並且無法滿足於現狀。你可能覺得自己被時間追著跑，每天都很疲勞，光是要過好生活就已經很吃力了，根本無力也無心對自己現在的生活提問。

即使是這樣也沒關係，從現在開始我將教你如何在駱駝階段閱讀充實自己。再次強調，這是所有人都會經歷的，然而時間的長短會因人而異，有些人可能一個月就養出獅子心臟，有些人可能需要兩年的時間，可是不論誰都會有跨越過這階段的一天。

每個人都有適合自己的速度，不要急著想快點脫離駱駝階段。有些人停留在駱駝階段的時間很長，進入獅子階段後卻很快就晉升到小孩階段，但也有的人很快就脫離駱駝階段，卻在獅子階段停留很久。我會陪著你一起，配合你自己的速度從駱駝階段畢業，所以不要急躁，繼續堅持下去。

讀起來艱澀難懂的書，就先放棄，改讀可以看懂的

駱駝階段是第一次接觸書籍的階段，當然不會知道自己該讀哪本書。實際上駱駝也是如此，駱駝不知道自己背上的行李是什麼，只是跟著趕駱駝的人走而已。

在這個階段，這樣閱讀就行了——**由於不知道如何選書，所以只要讀暢銷書、名人推薦的書、聽過的書名、身邊的人常提及的書就可以了。**

需要注意的是，**如果剛開始挑了這類書，讀起來覺得艱澀難懂，就要立即扔掉。覺得很難就表示你的閱讀功力還不夠，不足以理解那本書，**但也沒必要因此而沮喪。如果因爲自尊心受挫就固執地緊抓著書不放，反而會對書感到厭煩，結果就放棄閱讀，永遠遠離書。

比方說，剛開始閱讀就拿起但丁的《神曲》、杜斯妥也夫斯基的《卡拉馬助夫

兄弟們》來看，那麼百分之百會放棄閱讀，所以不要選這種書來讀。聽我這麼說，可能有人會不服氣越想挑戰，你現在是不是也有那麼一絲絲想挑戰的念頭？拜託！如果真的很想挑戰，就去先買一本，然後趕快放到書架上，並對它說：「等著！我馬上會變成獅子讀你。」

在駱駝階段可以閱讀海明威的《老人與海》、赫曼．赫塞的《德米安》、保羅．科爾賀的《牧羊少年奇幻之旅》等書。雖然有可能會讀著讀著就打瞌睡，但這個階段會犯睏很正常。我們的大腦討厭讀書是因為閱讀不是平常會做的行動，所以從大腦的角度來看，等於是要讓新的工廠運轉，而大腦也討厭工作，因此駱駝自然會想睡，讀不下去。當你讀著讀著感覺到睡意時，要命令大腦：

「大腦！我知道你不想工作才讓我打瞌睡，但是我不想睡，我要開始看書了，請你也趕快讓工廠運轉吧！」

這樣忍著睡意、驅趕睡意，一路讀下去大腦就會習慣了。大腦為了讀書在興建

工廠時會很想睡，但是工廠一建好，就會自動運轉，也就不會再犯睏了。當達到不會打瞌睡的階段，就可以視爲已經抵達獅子階段。到了獅子階段就會思考：「爲什麼我只讀別人推薦的書呢？我要自己找出適合我的書！」然後帶著這樣的想法在書店裡閒逛，就像尋找獵物的獅子。而且，獅子會產生想尋找自己獵物的欲望，不想看暢銷書，而會走去別人不去的書架、從別人不看的書裡頭尋找，並且找到自己想看的書。

如果找到了能激發自身大量靈感的書，就算是一些默默無名的書，也可以就此認定你是獅子了。獅子會交替閱讀著名的書和自己找來的書。長久下來，就會累積很多的獵物，所以會想要趕快把正在讀的書看完，接著讀下一本，心急到快抓狂，這樣全速奔馳下去，到後來就會用力過猛而累倒，然後遠離書籍。

不用擔心，在獅子階段偶爾會有這樣遠離書本一兩次的時候。沒關係的，只要先知道這種狀況就行。每個經歷獅子階段的人都會有這種現象，只要稍微與書保持距離後，再回頭讀就好。萬一硬著頭皮讀也讀不下去時，請想想看馬拉松選手在跑出超快的速度後，即使想繼續跑，腿也無法再往前進，所以休息一下吧！只要休息一下，之後會想再拿起書來看的，只要回來就行了。然後不要著急，不要貪心，再次以自己的速度閱讀吧！到這種程度追求閱讀量的欲望就會自動消失，並進入想細細品味每一句話的階段，到那個時候就是小孩階段了。

享受閱讀的痛苦吧！苦過後一定會迎來豐沛的能量

回想起我第一次吃斑鰩的時候，眞的很痛苦，但是因爲身邊的人都非常喜歡，因此我出於好奇，還是選擇吞下去。就算知道自己可能會吐出來，但還是很想知道它的味道，硬著頭皮都要吃。現在我最喜歡吃斑鰩了，而且勝過其他的下酒菜。一開始難以下嚥，卻成了幸福的滋味。痛苦過後會換來幸福，果然是眞理。

村上春樹在《關於跑步，我說的其實是……》中提到：

「Pain is inevitable, Suffering is optional.」（痛是難免，苦卻是甘願的。）

——摘錄自《關於跑步，我說的其實是……》

閱讀也是如此。剛開始閱讀會很痛苦，身體會不由自主地扭來扭去，總是想看手機。只要闔起書就能停止痛苦，就和我初嘗斑鰩的狀況差不多。可是，如果能忍耐一時的痛苦，就能品嘗到它眞正的價值。

在駱駝階段要耐得住痛苦。我在駱駝階段時，也是一翻開書就想睡，但我堅持忍耐，一邊趕走睡意一邊閱讀。當時不知道該看什麼書，只讀名著和暢銷書，就像生吞斑鰩那樣，我也只是一口把書吞下。

後來，不知從何時起，開始一點一滴嘗到書中的美好。過程中儘管還是感到痛苦，但偶爾也能嘗到讓人忘記痛苦的味道，甚至想要在看完整本書之後再回頭看一遍。就跟我第一次吃斑鰩後下決心再也不吃，但是過了一個月左右，又突然想起了那個味道，於是再次挑戰。儘管還是很痛苦，我卻領悟到「爲什麼要吃」了。

事實上，閱讀的痛苦不是痛苦，而是將能量累積在身體裡，是將眞正的財富累積在心裡。即使擁有幾百億的大樓、幾千億的存款，一旦戰爭爆發就會被砲火摧毀，沒有任何用處，貨幣也會失去原有的價值。在一片廢墟中，唯有累積在我體內的財富、那股能量，才能重建一切，再次振興復甦。擁有這種內在能量的人無論在

世界的任何角落都能憑自己的雙手累積財貨。閱讀的痛苦就是累積這種內在能量的過程。

透過閱讀不斷地在體內累積能量後，只要將凝聚的能量射向目標就行了。就像動漫《七龍珠》裡的克林，他在發出元氣彈之前會先聚集能量。雖然周遭的人都催促他快點發射，但是克林表示「現在能量累積得還不夠充分」。屬於我們的時機總會來到，我們也要爲了那一刻先累積能量。閱讀的痛苦就是能量的泉源。

再多忍耐一下吧！稍微再咬緊牙關，選擇閱讀的痛苦吧！越過駱駝階段，到了獅子階段後，痛苦就會變成喜悅，到了小孩階段就會變成歡樂。累積痛苦的能量吧！像克林那樣，以「現在還不是時候！再多忍耐一下！」的心態累積能量吧！

當這種能量累積夠多後，就會形成勇氣。產生勇氣之後，你就會變成獅子。從駱駝階段到獅子階段，最需要的正是勇氣。勇氣不是隨便喊喊就能產生的。眞正的勇氣是在痛苦累積成能量後，那股能量滿溢時才會湧現。已經不遠了，想像你就要成爲獅子了，選擇吞下這時刻的痛苦吧！一化作獅子的你馬上就能從痛苦中解脫。

我把這段內容以〈閱讀是斑馬〉爲題上傳到我的YouTube頻道後，有位粉絲很快寫了這樣的留言——

「我年輕時騎著自行車環繞全國，當時我一直很期待夏天。大家都問我爲什麼要做這麼危險又辛苦的事。有時流下的汗直接曬成鹽，而且在山脊上還會缺氧，明明這麼累了，爲什麼一點也不後悔，還期待著下一個夏天呢？因爲幸福吧！當時的痛苦如今都變成美好的回憶了，這是奇蹟！是幸福的奇蹟！」

謝謝寫下這段留言的人。我沒有經過你的允許就放進我的書裡了。我相信廣大讀者在讀完後會得到力量和幫助的。謝謝你。

每天早上投資一分鐘，欺騙大腦培養閱讀習慣吧！

處於駱駝階段的人在閱讀時會打瞌睡。這是當然的，大腦不喜歡讀書，所以會讓人想睡。

閱讀時需要專注思考。要專注思考，大腦就得讓工廠運轉，但是大腦不想工作，所以會讓人無法專注思考，之所以會這樣是因爲大腦對閱讀這項行爲很陌生。

要讓大腦認爲自己和書很親近，有個方法可以試一試。我親身試驗後發現效果極佳，那就是利用人類感官的「欺騙大腦閱讀法」。

通常我們早上起來後，第一件事就是先拿起手機，有時是爲了關掉鬧鐘、看看幾點了，有時是要確認整晚收到了哪些訊息。但是，從現在開始不要再這樣做，忍一分鐘！在早晨靈魂最清晰的時候先把書放在手裡。

早上起床後，不要先拿手機，而是先拿起書，然後用手撫摸一下書。摸摸封面，再打開書，摸摸裡面的紙（觸覺），然後快速地翻開書頁，聽聽翻頁的聲音（聽覺），再把鼻子靠近書聞一聞味道（嗅覺）。

剛開始只要做到這樣就行了，等到稍微習慣摸書之後，就可以翻開書的任何一頁，大聲讀出那一頁上的句子（視覺），什麼內容都無所謂，一句也可以，一段也可以，重點是大聲朗讀（味覺），讓大腦聽到聲音。做這一切只需要一分鐘。只要利用五感欺騙大腦，假裝自己跟書很親近，總有一天，你要閱讀的時候就會發現自己已能輕易越過駱駝階段，不會打瞌睡了。

但是，要持續嘗試一年才行。如果一個人很難做到，可以和家人一起做。家裡如果有孩子，每天早上跟孩子們一起試試會更好，就像和孩子玩遊戲一樣，每天早上都試試看。

如果長期這樣利用觸覺、聽覺、嗅覺、視覺、味覺，每天早上反覆閱讀，大腦就會誤以為自己是喜歡書的。原本大腦一看到書就讓人昏昏欲睡，現在卻轉換成「我喜歡看書，在閱讀時就要切換到舒服的模式」。

人天生就傾向不動腦、只做舒服的事，所以像滑手機這種不花腦力的事，看一整天也很舒服，但如果一整年都在欺騙大腦說「我在閱讀時既舒服又享受」，反而會變成長時間看手機很不舒服了。

我也常滑手機，但看太久會眼睛痛、頭痛、胸悶，無法看好幾個小時。但是，每天看幾個小時的書卻完全不覺得累。我的大腦已經切換成看書比看手機更舒服的模式了。

雖然剛開始會辛苦，但還是嘗試一年看看吧！如果大腦模式已經改變，覺得看書很舒服，就表示你的身價已經上漲了。而且，這一點都不困難，只要每天早上投資一分鐘就好。

讀著讀著就睡著，讓潛意識繼續爲你工作吧！

潛意識一旦朝某個方向啓動之後，它的動能就會在整個睡夢中持續。這就是爲什麼一定要在開始有睡意時，就給潛意識一些好念頭，讓潛意識去運作。

——摘錄自《潛意識的力量》

躺著也在賺錢，聽起來怎麼樣？光想像就覺得很幸福，不是嗎？這可能是所有人夢想的生活，但我認爲還有比這個更好的，就是讓我的潛意識在睡覺時繼續工作。

做法很簡單，只要睡前不看手機，而是看書就行了。現代人多數都是看手機看到睡著。你應該有過這種經驗——睡前看了恐怖片，結果睡著就做了可怕的夢，或是看完動作片後睡覺，結果夢到揮刀、開槍的打鬥場景。我們的大腦是不休息的，在我們睡著時也還在工作。既然如此，讓它做一些有益處的事不是更好嗎？

所以我在睡覺前總是拜託它。

「大腦，謝謝你，我相信你。謝謝我的潛意識。拜託你在我睡覺的時候，賜給我一個能鼓舞人們的寫作題材。」

反正也沒損失！而且令人驚訝的是，早晨我一睜開眼腦裡就浮現了很多點子，能寫出好文章的素材也靈光閃閃。因此，我常常都是一醒來就急急忙忙地打開筆電寫作。

據說我們每天都會持續思考前一天所想的百分之九十八的內容，而且多數人整天都在擔心著，甚至有不少人是連睡夢中都還在擔心。如果睡前還在擔心就會做噩夢，即使沒有做夢，早上起床時的狀態也不好。這種狀態持續久了就會生病。這是典型的惡性循環。

應該要在腦中注入新的、強而有力的想法。該怎麼做呢？很簡單。只要閱讀就行了。書是思想的集合物，尤其經典作品是經過驗證的好想法，所以在睡前閱讀吧！在駱駝階段這麼做更好，反正本來就是一看到書就想睡覺，倒不如看著看著就睡著。即使睡著了，這個經歷也是有益的。

既然如此，我建議你讀一頁經典作品再入睡。想想看，將數千年來濃縮的智慧注入你的潛意識，該有多棒啊？你的大腦會慢慢復活，相反的，你的競爭對手則是看著手機入睡，他的大腦會慢慢死去。想到這裡，是不是還想再多讀一頁？如果每天都這樣在睡前讀經典名著，那麼頭腦會不知不覺變得清晰，不會因小事而生氣。心胸變得開闊後，也會充滿自信，相信自己無論做什麼都會成功。

我們是因爲不知道而害怕，不知道自己的未來會變得如何、會不會失敗，因此感到痛苦，但是已經吸收經典著作的潛意識知道，它很清楚「我當然會成功，我做的事當然會成功！」所以會變得從容不迫，會想要幫助別人。在幫助別人之後，自己會變得開心，這樣就形成了一個良性循環。這一切都是從睡前讀一頁開始的。多麼容易！不需要通宵看書。只要讀一頁，然後拜託潛意識就好。

如果睡前不能閱讀，就笑吧！笑著回想之前讀過的書中自己喜歡的句子。以我來說，我喜歡的句子是「風浪是前進者的同伴」「若想在沒有起風的日子讓風車轉動，就自己拿著風車向前跑」。在沒有書的地方，我會想著這些句子入睡，那麼起床後就會產生力量。無論遇到多麼困難的情況，都能充滿自信地突破重圍。

如果你不滿意現在的生活、如果一直感到痛苦，那就從今晚開始嘗試這個方法吧！然後帶著微笑，安心地入睡吧！潛意識會自己看著辦的。從現在開始，生活不會充滿痛苦，而是充滿喜悅且有意義。在入睡前讀本經典名著，然後笑著入睡吧！你的人生不再痛苦，而且永遠都會是快樂的。

請買書來看吧！把書弄得又破又髒，記下心得和體會

我剛開始閱讀時，並不會在書上留下一丁點記號，因爲害怕破壞書。我覺得書必須維持從書店買來的樣子、必須乾淨地放進書櫃裡，所以翻頁時會小心翼翼，生怕折到了。我討厭把書攤開，連稍微撐開書也不願意。

因此，畫線做筆記就更不用想了。怎麼可以把書弄髒呢？結果，我讀過的書和沒讀過的書都幾乎像新的一樣。

但是閱讀到一定程度後，心裡就產生了一個疑問「我一定要這樣嗎？」如果在**閱讀時，把當下想到的事記下來，以後再拿出來看時，很容易就能找到相關內容。看到我畫線的句子後，也能輕易地掌握當時讀到這句話時產生的想法，看到記下來的內容也可以回想當時萌發的點子，然後可以再次仔細地檢視那些內容和筆記，並**

做深入的思考。在思索過後，還能想出自己恰好需要的創意。

這時期我讀過的書開始變得有點又破又髒，裡頭充斥著畫線、塗鴉、折過的痕跡、被剪掉缺頁的……我的經驗是，駱駝階段通常只會畫線；獅子階段會將喜歡的文字抄在封面內側；小孩階段的現在，我還會在抄下來的內容旁寫下更多我的想法、我的見解。

我想說的是，從駱駝到小孩階段，至少要經歷一次把書弄得亂七八糟的時期。當你把書弄得又破又髒後，心情反而變好時，很明顯地你已經進入獅子階段。

不要擔心破壞，拿起鉛筆畫線，用螢光筆塗色，也貼滿便條紙吧！偶爾我在演講現場看到讀者的書貼滿便利貼時，我都會感到與有榮焉，就像遇到知己般。我有一股強烈的預感，這樣的我們總有一天會再相見。

我喜歡去圖書館，所以建議你也去圖書館，但是在駱駝階段時，請還是買書來看吧！而且不要想著把書賣掉，當成二手書賣掉也只能拿回一些錢，不要爲了那一點錢就賣掉數百、數千倍的經驗啊。

可以輸給書，暫時不看它，但是一定不能放棄閱讀

無論做什麼事，一開始都不容易，會不願意做，覺得無聊，一直想做別的事情。當然，這也是因爲我們的大腦習慣舒適。**我們隨時都可能輸，可能會失敗，也總是輸，但是希望你一定要記住這句話，可以「輸」，但不可以「逃」**。

如果以競賽爲例來分析一下「敗北」這個字。「敗」就是「輸」，任何人都可能會輸，輸是理所當然的，輸了也沒關係。而「北」的意思是「逃跑」，千萬不能逃跑，逃掉就永遠無法成就了。

你可以輸給書，可以打一次瞌睡，也可以讀著讀著就放棄，但是千萬別逃走。

是啦！也可以逃走，但是即使逃跑了，一兩天後還是要回來重新拿起那本書來讀，

這樣就行了。

做任何事情都可能會失敗。新推出的菜單可能會賣得不好，野心勃勃的企畫案也有可能無法通過，開始做一件事情也有可能不太順利，不過，如果因爲事情不順利就逃跑，那麼那件事就永遠只會不順利。

我們每個人都有能回來的力量，只要不輸給自己的大腦，在這個世界上就不會輸，在賺錢這方面也不會輸。我們可以輸，可是即使輸了也要回來。越快回來，就能越快到達想去的地方。

5

獅子階段：專注在自己身上、有勇氣地生活

不再汲汲營營但也只夠自給自足，會想看書指引人生路

比起駱駝背著他人放上去的包袱，走向指定的目標，獅子相對是自由的，會自己決定目的地，自己開闢道路，而且毫不猶豫地向前行。因爲無所畏懼，而能過著獨立自主的生活。

獅子是活在弱肉強食的世界，經常得面對競爭，也就是說，要背負著「必須在競爭中獲勝」的壓迫感，自然會有壓力。而且獅子只爲自己著想，狩獵是爲了讓自己飽足，不會與他人分享。

閱讀的第二階段是獅子階段，會有以下徵狀。

這時期會覺得讀別人推薦的書很迂腐，疑惑爲什麼只能看別人挑過的書，而想著找出自己想看的書，然後抱持這樣的想法，像獅子一樣在書店的各個角落徘徊，

瀏覽書架上眾多書名和目錄後，終於發現「想讀的書」。讀著自己挑來的書之後，果然也在那些書裡找到自己問題的答案。現在可以自主挑選想看的書了。

已經會自己挑書，也體會到閱讀帶來的好處，所以開始產生了欲望，想要讀更多的書，結果囫圇吞棗看到什麼書就買來讀。閱讀時間自然而然增加了。

・覺得有趣，想回頭再看一遍

感受到閱讀的樂趣後，連最近剛讀完的《三國志》也想試著重看一遍。雖然整本書都看完了，但印象深刻的只有關羽、張飛、呂布、趙子龍的武術實力，所以覺得應該再讀一遍，於是再次嘗試閱讀，而這次就看到劉備、曹操、袁紹等將軍。

・看過一遍，但不清楚是誰寫的

《德米安》和《老人與海》這兩本著作，也已經看過其中一本，但總是弄不清哪本出自赫曼．赫塞、哪本是海明威寫的。

• 可以掌握自己的生活，自給自足

獅子的生活比駱駝的生活更具主導性。一天二十四小時可以隨心所欲地調整安排，基本上每天都很累，但休息日卻無比自由，而且休息後也能百分之百充滿電力。經濟上，錢也賺夠了，不僅能養活自己，還能養活家人，只是沒有多到可以分給別人的地步。

• 開始懷疑人生，徬徨於是不是就這樣過一生

另外，獅子階段還會開始懷疑自己這樣生活下去是否正確，開始問自己有沒有別條路可走。這時期不會在意別人買房還是買車，只會專注在自己身上。

獅子階段比任何階段都更重要，因爲這個時期在生活和閱讀方面都充滿自信，所以比起進入下一階段，更有可能會停留在此階段。我在獅子階段時也感覺一切都實現了，沒有什麼缺乏的，但是直到經歷小孩階段後，我才明白只停留在獅子階段是多麼令人惋惜的事情。

獅子階段最需要注意的是驕傲自滿。但也別著急，先享受這段過程吧！這時候很難動搖沉浸於閱讀之樂的人。

「別人都那樣嗎？我可不是！」面對問題積極找解答

到了獅子階段就會進入「別人都那樣嗎？我可不是！」的境界。聽到這裡可能會疑惑這是在說什麼？舉例來說：

我寫這篇文章的時間，是二〇二三年四月，這時景氣最低迷。我遇到的每個人都跟我訴苦，「生意不好，銷售額少則掉兩成，多則掉五成」。問到生意不好的原因，他們都自我合理化「因爲景氣不好」「大家都這樣」，然後就沒下文了。他們沒有想要尋找突破口，只是期待著景氣好轉後生意應該會變好，因爲別人都這麼說啊，然後就什麼都不做了。但是在這種時候，獅子們會堂堂正正地對自己呼喊：

「我可不是！」

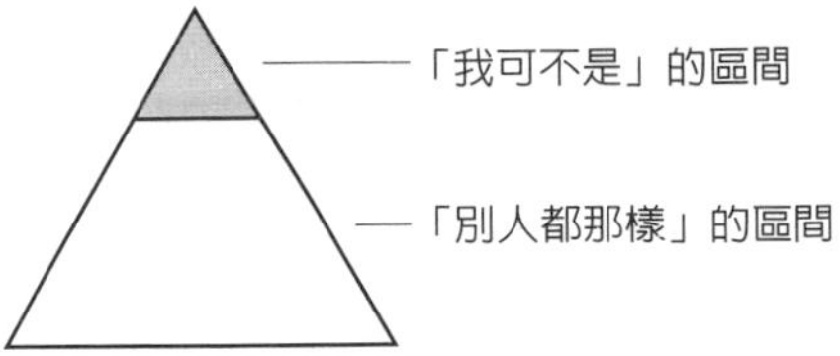

屬於「別人都那樣」的人，位於資本主義金字塔的底部。大部分的人都是這樣，屬於這邊的人不願意主動做點什麼，而是把所有問題都歸咎於外部，而留在原地。**透過閱讀成爲獅子的人會高喊「我可不是！」然後漸漸往上爬，最終走到只有少數人所在的金字塔頂端。資本主義一直以來都是這樣的結構，當你認知到這個概念後，就要往上爬到金字塔頂。**

到了獅子階段，會產生勇氣、智慧與理解資本主義結構，而且不會再看人臉色了。因此，遇到問題時不會歸咎於外部因素，而會主動尋求解決對策。畢竟景氣再壞，大家還是會吃東西；不管景氣有多差，還是有餐廳門庭若市。所以獅子會提出問題「現在我還能做什麼」，然後努力突破困境。

不論遇到什麼問題，你的第一念頭是「我可不是」，就代表你已不再是被牽著走的駱駝，而是能夠自己開拓領域狩獵的獅子了。

戒慎急躁和自滿，要慢才能快速達成目的

有個戲劇理論叫做「間離效果」或稱「陌生化效果」，這種舞臺效果會讓觀眾疏遠戲劇，看戲但不融入劇情，很明確地告訴觀眾你現在看到的不是眞實的，而是在「演戲」。德國劇作家貝托爾特・布萊希特（Bertolt Brecht）使用了這種「陌生化效果」，他故意讓熟悉的題材看起來很陌生，使觀眾感到疏離。一言以蔽之，就是不讓觀影人完全陷入劇情中。爲什麼呢？是爲了留給觀眾思考的空間。

「電影眞的很好看，我完全融入其中。」

我們在看到好看的電影時會這樣說。換句話說，這意思是看電影的時候大腦沒

有別的想法，因爲完全沉浸其中，所以沒多餘時間思考。

與此相比，**書的優點是，無論多麼好看、讀者多麼投入，還是能激發讀者思考。無論內容再怎麼好看，看得再投入，閱讀速度也快不起來。爲什麼？因爲閱讀的目的是爲了思考。所以，若是閱讀速度快到妨礙思考，也就失去閱讀效果了。**

讀了一定程度的書之後，心情會開始變得急躁，彷彿再多讀一點，就能達到一千本的目標；彷彿再多讀一點，就能表現出讀書人的樣子了，帶著如獅子般旺盛的勇氣和熱情囫圇吞書。

到目前爲止都很好，但問題是會變得急躁，耐不住性子，想要讀得更快，想要讀得更多。會出現這種欲望很正常，但是得像眞正的獅子那樣閱讀才行。也就是說，獅子吃飽後就不會再進食，意思是不要期待一次就讀很多的書，要先停下來，消化一段時間後，再繼續。

閱讀後需要時間整理思緒，以吸收讀進去的內容，這是累積功力必要的過程。吸收累積後，會成爲你的力量，造就出足以掌控自己、支配世界的思想巨人。

看完書之後需要時間累積成內在的智慧。不管是哪個時期，都只能累積到自己

容器的大小，所以不要妄想能裝下許多。閱讀時最重要的是不貪心。要細細品味自己的緩慢成長，對自我感到滿足。如果勇氣變成貪心，到後來就會疲憊。要懂得區分勇氣和欲望，才是眞正的獅子。勇氣就是即使眼前看不到效果，還是能相信並堅持持續前進。

這個時期戒愼急躁，就算是強迫也要讓自己在閱讀時偶爾闔上書、看向天空。有些書會讓你自發性這麼做，我在讀尙·柯尼葉的《島》就是如此，讀完一頁之後無法立刻翻到下一頁，會不由自主地望向天空。如果不整理讀到當前這一頁的想法，就無法繼續讀下去。

要走得慢才能快速到達。閱讀就是這樣，雖然緩慢卻是最快的。我知道的任何成功方法都不如閱讀快。獅子們，你現在有多餓就讀多少的書吧，但是一定要理解緩慢的道理，不要著急，就算身邊的人速度比你快，也不要急。

急則疲，疲則棄。

「十頁閱讀法」既能大量閱讀又有複習、吸收的效果

「我要把世界名著統統讀完！」

獅子很貪心，對書的欲望很強烈，想把大家口中的那些經典名著全部讀完，所以就先蒐集那些書堆在家裡，其中也有很多自己挑選的書。感受到挑書的樂趣後，挑選的書量也不容小覷，不僅是堆滿書架，就連書桌也堆出了一座書山。

問題就出在這裡。獅子在看書的過程中，看到堆在旁邊的書時，會懷疑自己什麼時候能把那些書看完，然後急就章地隨便翻閱手上的書，並未徹底吸收，結果就是讀了但也像沒讀過。這種時候就需要「十頁閱讀法」。

簡單來說，就是一本書每天只讀十頁，不能多讀，也不能少讀，就讀十頁。但

不限於只讀一本，而是根據你自己的閱讀能力，決定五本到十本，然後每本書只讀十頁。書本數量隨個人而定，我自己就試過一次讀三十本。剛開始是五本，接著是十本、二十本，逐漸增加數量。

要注意的是，第一次嘗試時，一定只限五本，不要貪心，數量後續再增加就可以了，所以一定要從五本開始。

選好五本書後先堆起來。選擇這五本書時，盡量不要選相同領域的，而且不能五本都是小說，五本都是人文類也不好。要多領域挑選書，讀起來才不會疲倦。

如果已經選好五本，接下來就一次拿出一本，只讀十頁，然後輪到下一本，讀十頁……不要懷疑，這裡說的十頁就是數字上的十頁，目錄頁也算一頁，圖片也算一頁，因此開卷之初幾乎沒讀多少字。

講到這裡，大家會問：「這樣讀不會搞混嗎？」

絕對不會，反而有複習的效果，所以會更清楚。你問說：「這怎麼可能？」容我舉個例子：

假設五本書的編號是一到五。先讀了一號書十頁後，再翻開二號書時，由於兩本書的內容不同，所以大腦會自動思考「上一本書的內容是什麼呢？」即使自己不想思考這個問題，大腦也會自動這麼做，所以自行產生複習效果，以吸收知識來說，這種做法比只讀一本書的效果好更多。

每天讀五本書、讀十頁，就是每天五十頁，一個月就是一千五百頁。以一本三百頁的書來說，這就是五本的分量。以這種方式讀十本就等於是讀三千頁。雖然每天只看十頁，但這樣累積下來，不覺得讀了相當大量的書了嗎？

一個月找一天閱讀十小時，擴大自己的極限和閱讀量

閱讀的目的是獲得智慧！網路不發達的年代，我們接觸到的資訊量有限，讀書的目的在於取得知識，但是現在隨時隨地都可以輕易累積知識，閱讀的目的就不單純是得到知識了。如果說閱讀的目的百分之十是獲取知識的話，那麼百分之九十就是吸收智慧了。

駱駝階段的閱讀可能還不足以萌發智慧，但是到了獅子階段就會生出智慧，因此不再像駱駝那樣被牽著走，而是能自由地做自己能做的事，過上自己想過的生活。一旦越過獅子階段，進入小孩階段，之前所累積的智慧會讓你在某一時刻有所領悟，詳細後面會做說明。

如果想要累積智慧，那麼該如何閱讀呢？一個月內找一天閱讀十個小時吧！

「一天閱讀十小時」並不是字面上讀「十個小時」的意思，而是說，要找一天專注地投入閱讀中。也就是說，早上睜開眼睛之後，除了吃早餐、午餐、晚餐的時間和上廁所之外，其他時間都只看書。

乍聽之下好像不難，但真正實踐起來會發現意外困難。首先，身體會感到不舒服，坐久會腰痛，想要躺下，但躺下後就會睡意襲來，於是覺得不該躺著而站了起來，但站久了腳會痠，又想重新坐下……閱讀狀況會像這樣，而且有些書能順暢閱讀，有的書卻怎樣也讀不進去。一遇到讀不下去的書就放棄，改讀其他本書，這樣換來換去的，到後來會搞不清楚自己在讀什麼。

當你堅持閱讀十個小時後，身體會自動記住這個感受。儘管很痛苦，卻會留下「盡全力完成一件事」的經驗。因此，在嘗試了一天閱讀十小時後，再回到平常一天只讀一小時左右時，就會覺得非常輕鬆。要以這種方式逐漸擴大自己的極限、擴大自己的閱讀容器。爬過聖母峰的人很輕鬆就登上了漢拏山。一個月找一天爬一次聖母峰吧！

下決心找個週末嘗試一天看看！雖然不想運動，但只要忍受痛苦地揮汗運動，運動後就會非常舒暢、滿滿的成就；同樣的道理，雖然很難下決心找一天讀十個小時的書，但是嘗試一次後就會產生成就感，頭腦也會變得清晰，所以會想要再次挑戰。

雖然山不會再長高，但人類會繼續成長，因此再高的山也會被人類征服，而我們是透過閱讀成長的。

不要把閱讀心得整理在筆記上，而要整理在心裡

偶爾在閱讀的過程中會感到不安，不曉得自己是否正確理解了，翻到下一頁時會因為想不起之前印象深刻的那段話而變得焦躁。這種狀況持續久了，會發現自己無法專注於當前閱讀的頁面。

閱讀了多領域的各種書籍後會越來越不安，擔心之前看過的內容混在一起、擔心讀完後一個都記不住、不確定整理完閱讀筆記後是否能完全吸收。

放下這股不安吧，想不起來是當然的，不需要努力記住。只要在閱讀的當下融入書裡，在心中整理好思緒後翻到下一頁就可以了。

讀過的內容在心中整理好之後，當你需要時，它就會突然浮現，帶給你生活的答案並提供靈感。

好書的定義不在於能提供特定資訊，而是能夠發人省思。讀到好的句子時，只要多讀兩三遍，一邊閱讀一邊思考就好。

不要整理在筆記本上，而要整理在心裡。就算一分鐘後就忘掉也沒關係。閱讀不是爲了累積知識，而是爲了提升思想的品質。即使忘記內容，你也已經透過思考提升了思維的高度，所以這樣很好。

參加讀書會與人交流，可體驗到數百億也買不到的快樂

不久前我上了喜劇演員金永哲的廣播節目《金永哲的Power FM》，在廣告時段，我和他聊起了書。

「明煥哥，我人生中最有感觸的書有三本，《湖濱散記》《金閣寺》和……」

「哇！《湖濱散記》《金閣寺》！另外一本是什麼？」

永哲眨著眼睛，悄悄地問：

「你知道《史托納》嗎？」

「約翰．威廉斯的《史托納》嗎？」

在我回答的那一刻，我們兩個人的眼睛裡冒出了火花，異口同聲喊出：

「你期待什麼？」＊

這句話瞬間化解了我和永哲許多年不見的尷尬，廣播中段播放音樂時，我們兩人含著淚聊起了「你期待什麼？」那一刻我們成了志同道合的人，到死都要在一起。

我們同時喊出書中那句話的一刻，所感受到的刺激是即使付出數百億元也無法體驗到的。這是閱讀的人才能感受到的特權，也是人類能感受到的最高級的快樂。

我們在生活中期待太多，但其實那個「期待」並不是自己製造的。儘管如此，我們還是會把別人製造的期待背上身，一副那本來就是我自己的期待一樣，然後希望那個期待能實現。但是人生中並不會發生什麼特別的事情，不可能所有人都成爲電影主角。

事實上，並不是要發生特別的事情，人生才有意義，電影主角也不一定會幸福，但是資本主義卻鼓吹我們非得過上傲人的生活，非得賺大錢、留下什麼鉅額的業績、做什麼了不起的事情，可是現實並非如此，每個人都有屬於自己的生活，有人更喜歡如河水般靜靜流淌地生活。《史托納》故事的主人翁就是如此。

我建議獅子開始閱讀到一定程度後，最好能參加讀書會，從中可以體驗到永哲和我共同感受到的快樂。那經驗會爲更廣闊的經驗打下基礎，是一個能分享、討論，並重新思考自我體會的好機會。

有人會問：「爲什麼要和別人分享我辛苦閱讀後得到的思想呢？」這絕對不會是單方面的給予，分享是自我成長的答案，透過分享你會被填滿得更多。因此，約翰・拉斯金在《芝麻與百合》中說，教育的目的是讓人能「寬大爲懷」。

如果是在獨自孤立的情況下閱讀，可能會因爲輕率解釋而走錯路，也可能會變得固執和驕傲，所以不要一個人悶頭讀書。所以，別老是埋在手機裡，鑽進人群中吧！

*「你期待什麼？」這句話是《史托納》引發許多讀者共鳴的橋段。在此摘錄原文共賞：「你期待什麼？他再一次想著。他忽然感到一陣喜悅，彷彿是隨著夏季涼風吹送而來。他模糊地記起曾經思考過失敗的人生——彷彿他是多麼的在乎。現在對他來說這些想法很殘忍，比起他所經歷的生命，那是毫無價值的。」

早晨讀一首詩，然後一整天地反覆思索吧！

德國文學批評家兼思想家格奧爾格·盧卡奇（György Lukács）著有《靈魂與形式》（*Soul and Form*）一書，韓版譯者洪成光在〈譯者的話〉中對此書做出以下說明。

> 這本書體現了諾瓦利斯（Novalis）的人生哲學，他認爲浪漫主義的生活藝術是付諸行動的詩。
>
> ——摘錄自《靈魂與形式》

我被這句話中「付諸行動的詩」感動到。我們每天早上在固定的時間起床，走同一條路上班，吃著差不多的食物，然後回家睡覺。我以爲日常生活就是這麼枯燥乏味，但沒想到我們的日常生活竟然能像詩一樣。如果日常生活中發生像詩一樣令人驚訝又感動的事情，那麼每天將會是多麼的幸福啊？

我鼓勵大家每天早上讀一首詩。雖然可以把日常生活想成一首詩，每天早晨都愉快地開始。不過，更重要的理由是，早上讀詩能讓人從一早就開始思考詩。其實早晨很忙碌，忙得不可開交，忙著盥洗，忙著穿衣服，忙著趕上班。如果要在這樣的時段讀一點書再出門就太奢侈了。

詩則不同，因爲詩很短。很多詩都是可以一眼掃過，即便是忙碌的早晨，也能撥出讀一首詩的時間。

一早讀的詩會成爲整天思考的素材。比方說，我早上讀的詩人文泰俊（문태준）《赤腳》（맨발）這首詩，詩裡描述他看到漁店的紫雲蛤伸出赤腳後的感受。

漁店裡的一隻紫雲蛤從巢穴般的軀殼裡向外伸出了赤腳
就像已死的佛陀爲哭泣的弟子稍微把腳伸出棺材般，我看到紫雲蛤伸出了赤腳

那赤腳因長久浸泡在泥水中而膨脹
當我如弔唁般觸摸那隻腳時
紫雲蛤慢慢地縮回腳，彷彿是牠第一次思索，也是最長久的思索
時間和道路似乎也會以那樣的速度流逝
如果去見某人後分別，應該也會像那樣慢慢地回來
應該總是光著腳
鳥在失去愛情後將喙埋在胸口，如同忍受黑夜般，將赤腳埋在胸口中忍住悲傷
家裡有人啼叫時
牠又會以腫脹的赤腳，走上街道要飯
光著腳在街上走一整天
當牠回到充斥著貧困的氣味的巢穴般的家後
餵飽那些啼叫的
那叫聲也會如此在黑暗中停息

——摘錄自《赤腳》

「時間和道路似乎也會以那樣的速度流逝」和「應該總是光著腳」這兩句話留在我的腦海裡。我一整天都在思考「赤腳」和「速度」。由於沒想出答案，因而焦慮了起來，但焦慮卻給了我答案「沒錯，我本來就是赤腳」，如此安慰了我；對全新挑戰的不安感和恐懼則爲我加油，並說：「是的，所有人都是赤腳、赤手空拳開始的。雖然現在光著腳，但沒關係。因爲以後只會往上提升。」

詩是最精練的，光是擷取一個詞彙就能帶給我們豐富的思考。早上讀一首詩吧！你將能感覺到一天的變化。倘若很難讀完整首詩，在出門前讀詩當中的一句也好，然後一整天反覆思索那句話吧！如果某句話映入眼簾，那肯定有其理由，裡面暗藏著人生答案。

找出屬於自己的金句，沒書傍身時就拿出來深入思考

如果已經在某種程度上擺脫了被牽著走的生活，那麼現在應該要培養思想容器。在這方面也有方法，培養思想容器的絕佳方法就是「擁有屬於自己的金句名言」。

何謂金句呢？我每次演講時都會喊出「我是誰？」「我是價值多少錢的人？」這類的問題。這種句子沒有正確答案，也許一輩子都找不到正確的答案。雖然不是馬上會面臨的問題，但這些都是生活中最該重視的問題。

在我發生交通意外，遊走於生死關頭醒來時，成爲我人生轉捩點的問句就是「明煥，如果不想被牽著走，該怎麼做呢？」此外，還有個句子我可能還需要再苦思幾年，才能掌握其精髓，就是老子的「知者不言，言者不知」，意思是「知道的

人不會說，說的人不知道」。

當沒有書傍身時，就把腦海裡的金句倒出來深入思考吧。若在閱讀的過程中看到觸動你的句子，就把這些句子記在腦裡，不要記錄在某處，而是務必記在腦中。這樣才能在沒書可看時、獨處時，特別是睡覺時和上廁所的時候抽出這些句子，深入思考。

這些句子是讓人可以隨時深省的材料。如果反覆咀嚼它，你的思想容器就會變大，思路會更開闊，思想的功力也會變得扎實。

希望你此刻就能馬上想到這樣的句子，如果覺得很難，那就從今天開始從你所讀的書上找出一個句子，整天都圍繞著這個句子來思考。譬如，我早上挑的這句話：

「你期待什麼？」他再一次想著。

他忽然感到一陣喜悅。

——摘錄自《史托納》

我期待什麼？果眞能如願以償嗎？還有，當期待化爲現實時，眞的會幸福嗎？人類只不過是生活在期待中嗎？

在這本書裡，主人翁史托納身上並沒有發生任何事，卻忽然感到一陣喜悅。讀完這一段後，「我期待什麼？」的想法一個接著一個浮現。

你期待過上偉大的人生嗎？高明煥你想要度過什麼樣的生活？即使沒有發生任何事也會開心嗎？我突然想起了羅曼．加里的小說《雨傘默默》中的哈米爾先生。哈米爾手中總是拿著維克多．雨果的《悲慘世界》，就連失明後也一直拿著，光是拿在手裡就很幸福。

這個情節讓我感同身受，只要有書，就算什麼都沒發生也很幸福。不，還不如什麼都不要發生，只要有多一段能安靜閱讀的時間就好。雖然華麗的成就、名人的生活、擁有許多財富和名聲都很好，但是手裡拿著一本書，坐在擺著咖啡的小桌前，看著路人也看看書，這種什麼事情都沒發生的一天挺不錯，不一定非得發生什麼事。即使什麼都沒發生，我存在的那個時間、那一刻本身就很幸福！

寫到這裡，最後我要用赫爾曼．梅爾維爾的《錄事巴托比》中的名言結束一天的思考。

我寧可不。（I would prefer not to.）

——摘錄自《錄事巴托比》

我今天一天挺帥的。

6

小孩階段：用自己的哲學改變世界

行有餘力，體悟到助人就是讓自己幸福

試著回想小時候吧！只要去遊樂場，就能玩得很開心？才不是，事實上只要有一個朋友，就能玩到太陽下山，甚至沒有朋友作伴，光是堆沙子就會玩得不亦樂乎，察覺不到時間的流逝。當自己擁有一顆糖果，也會和朋友分享；當看到朋友一個人玩，就會主動伸出手，邀他一起玩。

閱讀的最後階段是小孩階段。小孩階段的徵狀就如前面說的，而且是最有創意、最利他、最超越物質的階段，我們閱讀的終極目標是成爲這樣的孩子。

小孩階段的特點是：身體明明很疲倦，但一看到書就醒了，因爲感受到領悟的喜悅。大腦會覺醒。令人愉悅的痛快感受會從腦部蔓延到全身。

這階段會看書，但不會執著於書量，甚至會爲了理解隱藏在字裡行間的意思而

在閱讀中途闔上書，還很可能一整天都在思考其中意義。儘管只讀一行字，從中領悟到的想法卻會成爲自己的哲學。

這階段的閱讀不再是爲自己而是爲別人而讀，意思是，開始會用自己閱讀後創造的哲學去打動別人。假設我以自己的哲學製作了產品，售出的產品就可以視同我的哲學打動了購買人。如果能在我的產品、我的料理中融入我的哲學並打動人心，那麼我想賺多少錢就能賺多少錢。

・一讀再讀，吸取精髓應用在工作上

小孩階段的你已經把《三國志》讀過第三遍了，胸中已經沒有駱駝階段看到的將領、獅子階段看到的君主，而是一心想著去感受諸葛亮、龐統、荀彧、郭嘉等軍師的魅力，吸收他們的功力，運用在自己的事業上。

・百看不厭，而且已能參透其中的人生智慧

《德米安》和《老人與海》也已經讀超過三遍，絕對不會搞混兩本書的作者，

並且透過這些書確實感受到自己的人生起了變化，也清楚的知道自己是怎麼改變的。

•凡事都能樂在其中，享受工作和玩樂和諧的生活

小孩階段已經不只能主導一整天的時間，而是能將一天過成四十八小時。身邊的人經常問我，我忙著經營餐廳，怎麼還有時間開新店，甚至還有時間寫書。事實上，我沒有被時間追著跑，是眞的有那個時間。到了小孩階段就會培養出壓縮時間的力量。

小孩已經領悟自己出生的原因、找到生活的方向，所以會默默地走自己的路。雖然有目標，但不會汲汲營營，而是懂得享受。上班的每一天眞的很快樂，日復一日都過得很幸福，不會疲倦，因爲很享受工作和玩樂和諧的生活。眞的樂在其中就不會累。我煮蕎麥麵時很開心，烤豬排時很開心，看書時很開心，寫作時很開心，釣魚時很開心，和妻子一起喝啤酒也很開心，樂此不疲。

・懂得為別人活，幫助人是讓自己幸福的祕訣

最後，最重要的是，到了這個階段要懂得爲別人而活。小孩會眞誠地對別人的幸福和痛苦感同身受。看到堂哥買地不會眼紅，而會眞心祝賀；若是堂哥失敗了，會爲他心痛，也會眞誠地幫助他，因爲很清楚這麼做是讓自己變得幸福的祕訣。（語意出自韓文俗諺「看到堂哥買地就會嫉妒」，意思是「見不得別人好」。）

最終達到小孩階段的人會領悟到，若爲別人而活，每天都會很快樂。然後他們會那樣生活。錢？當你爲別人而活時，就會自動賺到錢。了解這個原理的人代表已經達到小孩階段了。

任何人都能到達這裡，我們每個人都有能力達成小孩階段。

獅子與小孩的差別在於有沒有思索和領悟的餘裕

駱駝和獅子這兩個階段的界限很明確，但是獅子和小孩階段的界限就有點模糊了。爲了清楚說明這一點，我將舉杜斯妥也夫斯基的《卡拉馬助夫兄弟們》爲例。

他悄悄地積累財富，自以爲我現在多麼有錢有勢，我的生活多麼有保障，可是這瘋子卻不知道，他積累的財富越多，就越加陷入等同自殺的糟糕境地。因爲他已經習慣於只靠自己，孤芳自賞，脱離群體，他已經讓自己的心養成不相信別人的幫助，不相信別人，不相信人類的習慣，他戰戰兢兢地唯恐失去的只有他的錢，以及他已經得到的權力。

——摘錄自《卡拉馬助夫兄弟們》

讀到這裡時，莫名地想畫線嗎？那麼你已經超越獅子階段了。若你會畫線、思考，並利用這段話創造出屬於自己的哲學，就代表你已經抵達小孩階段。

我讀到這句話後開始深思，思考後重讀一遍，然後思考再重讀一遍，直到領悟之前都沒翻到下一頁。我確信這句話會帶給我現在正需要的領悟，於是一再閱讀並思考後，終於明白了。

喔！我知道了富人們感到無力的原因。雖然不是所有的富人都這樣，但相當多的富人在實現目標後，都哭訴著他們的無力和空虛。爲什麼會這樣呢？我們學到的是實現目標後要享受，很多富人實現了目標，大手大腳地花錢享受人生，但是無論再怎麼享受，還是有無法滿足的渴求。爲什麼呢？那就是因爲沒有成長和分享。

人無法獨自享受、獨自幸福，即使幸福，也只是短暫的幸福。正如杜斯妥也夫斯基所說，「孤芳自賞，脫離群體」是絕對不可能幸福的。我們是爲了整體而前進的，應該要爲了整體繼續成長，也要繼續分享成長中獲得的東西。這就是人類存在的原因。因此，我們可以透過成長和分享來享受眞正的幸福。

我們想成爲富人是希望有能力盡情成長、盡情分享，而不是爲了盡情地吃喝玩樂。是啊！這樣看來，我也是在成長和分享的時候最幸福，所以成長和分享才是正確答案。

如果思想擴張到這種程度，可以說是達到小孩階段。當然我的體悟不是絕對的答案，可能你想的答案裡沒有成長和分享。這是理所當然的。**經典名著沒有正確答案，只有適合自己的「解釋」。在這一步重要的是，是否像我所經歷的一樣，擁有這種思索和領悟的時間。要有這個過程，才算是真正進入小孩階段。**

成爲「信使」吧！做個能幫助他人成功的哲學家

進入小孩階段後，已可以透過閱讀建立自己的哲學，且以自己創造的哲學來幫助別人成功時，錢自動會跟過來。這就是「信使」的生活。

安東尼．羅賓（Tony Robbins）、布蘭登．布夏德（Brendon Burchard）、高明煥，都是這個時代的信使代表。據說世界級激勵專家安東尼．羅賓傳達一個訊息要價一億韓元。成果教練兼自我開發教練布蘭登．布夏德也在自己的書《富豪信使》中寫道，他傳達一次訊息收取數千萬韓元。他們透過寫書、演講、創辦學院、販售演講影片賺取數十億、數百億韓元。

如果想要擺脫「付完卡費後就沒錢」的資本主義牢籠，最好的方法就是成爲信使。我們、閱讀的我們就是信使，只是我們不知道而已。閱讀後勢必會出現自己的哲學。擁有能夠幫助他人成功的哲學的人就是信使。

小孩階段只要思考該用什麼方法傳達訊息，然後在做出選擇後付諸實踐，那麼金錢自動會隨之而來。除了原本的工作外，還會出現各種收入來源，連你睡覺時也有人在買你的書、有人在下載付費演講影片。當你具備多樣收入來源就能擺脫資本主義的牢籠。以我來說，除了餐飲業以外，我一次演講能賺取三百萬韓元；我休息的時候，書也在繼續賣，書價的百分之十是我的收益；YouTube也是二十四小時播映，每個月有五百美元入帳，YouTube的收益還在逐漸增加中。

本書出版後，我計畫於二〇二三年底著手創辦高明煥學院，將會架設官網販售演講影片。我說得這麼具體是爲了告訴大家，正在讀這本書的你也是信使，也能做到這些事情。除了這些方法之外，一定可以找到屬於你自己傳達訊息的方法。

我是一個人做到這一切的，到現在也還是獨力作業。《富豪信使》的作者布蘭登·布夏德也是一人經營，創下兩百萬美元的銷售紀錄。這是信使的優點，可說是一邊享受一邊工作。

這一切在小孩階段都可能發生。多麼令人興奮啊！有人會說：「我不是喜劇演員、不是知名講師，怎麼能成爲信使呢？」不要擔心，每個人都有能力成爲信使，只是不諳傳達訊息的方法，所以還沒能成爲信使罷了。

正在讀這本書的我們都成爲信使吧！開始時不需要資本，書會告訴你所有方法的，沒有理由不做。這是能戰勝資本主義的最強武器，而且値得感謝的是，現在不看書的人越來越多。那些人都是我們的客戶。恭喜你，我已經聽到你的心跳聲了。是的，只要保持那份悸動就行，你已經是一個偉大的信使了，只要堅持閱讀就可以了。我以一個信使前輩的身分歡迎你這位新夥伴。

「歡迎你加入。」

逢書殺書！不要墨守成規，而要每天創造新思維

「逢佛殺佛，逢祖殺祖。」

唐朝有位名爲臨濟的禪師（通曉禪宗法理的僧侶）在《臨濟錄》中寫道「殺佛殺祖」，意思是遇到佛就殺了佛，遇到祖師就殺了祖師。

「毫不留情地殺害自己的祖師」這句話隱藏著什麼樣的意思呢？那就是要摒棄固有觀念。也就是說，不要認爲佛祖的教誨和老師的教誨是不變的眞理，應該要尋找屬於自己的想法。

大家以爲眞理似乎藏在某個了不起的地方，但事實並非如此。如果將佛祖和老師視爲神，就絕對無法領悟到眞正的眞理。我把讀到的這句話改成：

「逢書殺書。」

也就是說，要超越書本。書中有許多偉大的哲學，但是在這裡有一件很重要的事情。雖然書很偉大，但你不應該被書支配。要防備既有的偉大想法覆蓋了自己剛冒出來的想法，不能將生來自由的無形想法硬塞入公認爲偉大的想法中。

書中偉大的哲學應該是幫助我創造新思想的材料，頂多就是材料。讀完蘊含偉大哲學的書之後，用自己剛冒出的想法覆蓋那本書吧！如此殺死那本書，然後也殺死我吧！

閱讀時會檢視自己，能夠赤裸裸地檢視現在的自己。閱讀後殺死現有的自我，然後嶄新地重生吧！「舊事已過，都變成新的了。」（出自《聖經：哥林多後書5:17》）我們每天都能如此重獲新生。昨天的我已經在昨天被殺死了，今天就重生爲擁有全新想法的我吧！如果每天都這樣一再重生，就會變成小孩。

爲什麼小孩階段也被稱爲嬰兒階段呢？因爲每天都是新生。倘若停留在駱駝或獅子階段就會變成大人。水不應該淤滯，應該要流動，否則就成了積水。變成大人會很無聊，每天都不會更新。只有全新誕生、無奇不有的想法才能殺死昨天的我，老生常談的舊思維、別人用爛的哲學無法殺死昨天的我。不想也不該變回昨天的我，書會幫助你的。

閱讀後，今天重生為擁有全新想法的小孩吧！這樣才會覺得每天既新奇又有趣。

讀一行，思考一小時。
思維的高度無法用金錢衡量

我讀到《倚靠老子和莊子》的這句話後就停了下來。

> 這就像是存在的一切彼此朝著不同的方向運動，形成了完整的宇宙一樣。自由從此而生。
>
> ——摘錄自《倚靠老子和莊子》

這句話讓我足足沉思了一個小時。

沒錯。除了人類之外，所有的生物都朝著各自的方向移動，大象走大象的路，鯨魚走鯨魚的路，蒼蠅走蒼蠅的路，蒲公英走蒲公英的路。雖然偶爾會相交，但生活仍然朝著各自的方向發展。看似凌亂，其中卻有自己的規律。

可是，只有人類不是如此，只有人類朝著同一個方向發展，在資本主義的洗腦下，所有人朝著金錢和成功的方向流動，井然有序卻沒有自由，不凌亂卻也受到監視和控制。我想著這些，一個小時就只讀了一行。

之後繼續閱讀後，又停在了下面這段話。

> 先覺察到「沒用的東西會變得有用」或者「有用的東西會變得沒用」後進行應對，也是一種先見之明。有效發揮這種先見之明的人總是占據財富或權力。
>
> ——摘錄自《倚靠老子和莊子》

我停留在這段話，在房間裡踱步沉思了兩個小時。是啊，若能把沒用的東西變得有用，就能賺到錢。

二手市場就是把對我沒用的東西變成對別人有用的東西。以前聽說爆米花機器出口到非洲後大獲成功。韓國現在幾乎已經不用爆米花機，但對非洲人來說該有多神奇啊！

還有什麼呢？在欲知島用魚籠捕鰻魚的漁夫，如果在魚籠裡發現除了鰻魚之外的魚，就會扔掉或送給別人。雖然其他的魚對這些捕鰻魚的漁夫來說沒有用處，但如果帶到首爾，是不是可以當成獨家的高級生魚片、高級烤魚呢？啊！對了，我還聽抓螃蟹的朋友說，章魚令他們頭疼。章魚是多麼高級的海鮮啊！能不能收集後帶回來呢？

想法無法停止，不斷擴大，然後我向自己提出問題，究竟我在哪裡是個有用的人呢？我想在許多地方都成爲有用的人。那麼該怎麼做呢？只要累積內在的能力就行了。

我在房間裡一邊思考這些問題一邊走來走去，然後打開窗戶看看天上的月亮和星星，大口呼吸清新空氣，撫摸著書與思考的我，我已經是個有用的人了。

雖然我在三個小時內只讀了三頁，但是提高思維視角這件事，是無法用金錢來衡量的。這種書在小孩階段是好書，一句話就能讓人思考一個小時，光是讀三頁也能持續帶給人體悟。

試著放空，
尋求改變人生方向的寂靜瞬間吧！

帕斯卡爾在《思想錄》中說：

我發現人的一切不幸都源於唯一一件事，那就是不懂得安安靜靜地待在屋裡。

——摘錄自《思想錄》

忍受「寂靜的瞬間」相當困難，所以我們總是打開手機。從這個角度來說，書看不下去也是因爲無法忍受寂靜。

即使強迫自己，也應該要有一段寂靜的時間，所以崔鎭碩教授要我們多走走。

「寂靜」的意思不是身體不要活動、靜靜地待著。非洲部落以營火爲中心圍成一圈跳舞的目的也是要透過節奏達到感官的頂點，亞里士多德說這是一種宣洩，經過這一刻之後就會淨化，淨化的瞬間就是寂靜的瞬間。

「聖雅各之路」聞名的原因是，讓陷入絕望的人們放下一切走了又走，體驗到寂靜後，再次迎來了反轉的瞬間。放下一切就會變得寂靜，只會變得寂靜。如果產生貪念，那裡總是會發出噪音，無法安靜。要拋開貪念，才能體驗寧靜。放下對已分手的戀人的執著的瞬間就是寂靜的瞬間。

體驗寂靜的瞬間吧！我經歷寂靜瞬間的契機是交通意外。我在交通意外發生的那一刻經歷了寂靜。就像電影中拳擊選手一直被對方攻擊，後來某一刻起四周變得安靜，只看得到支持者。這是覺醒的瞬間。主角在經歷過這樣的場景之後突然逆轉，戰勝了對方。

電影導演也深知寂靜的意義。電影《刺激 1995》中，摩根・弗里曼每次接受假釋審查時都裝得像個善良的人，卻總是被駁回，他以同樣的方法被裁定駁回幾次後，最終向評委們發脾氣，說出自己的內心話。那一刻的摩根・弗里曼處於寂靜的狀態。這是從前進轉變成逆向前行的瞬間。隨後，評委們批准了摩根・弗里曼的假釋。

打高爾夫球時也有這種寂靜的瞬間。從上桿到下桿的那個交接點就是寂靜的瞬間。往往是因爲無法忍受那寂靜的瞬間而揮桿過快，打得一團糟，甚至有很多人揮桿時根本沒有寂靜的瞬間。

爲了寧靜，我給你一個建議，連上廁所的時候也空手去吧！在一無所有的狀態下體驗寂靜吧！手機當然不要拿，書也放下，就兩手空空地去，坐在馬桶上體驗寂靜。要一點一點地靠近寂靜，才能感受到眞正的寂靜。讓我們一起遇見能夠改變人生方向的寂靜瞬間吧！

打造專屬於自己的、充滿武器的書櫃

我現在有三千多本書。我的房間、客廳、媽媽的房間都有大書架，另外我還有一個書櫃。這個書櫃上有一百多本書，是我的武器書櫃。**我自己的書櫃在我房間的一面牆上，大致分爲三部分，一直都要看的書、有助於立刻產生點子的書，以及新買的書。**

專屬於我的武器書櫃的第一個空間裡放的是得以完成我的人生的書，這些書隨時都要反覆閱讀，現在放的是《孫子兵法》《卡拉馬助夫兄弟們》《希臘左巴》《史記列傳》《唐吉訶德》《悲慘世界》《異鄉人》《知識與愛情》《流浪者之歌》《酒店》《人類的大地》《老人與海》《德米安》《夢實姊姊》《人畫出的紋樣》《蕎麥花開時》《湖濱散記》《史托納》等。

我最累的時候會待在這個空間站到書櫃前，然後慢慢地品味書目並閱讀。抽出一本後握在手中，看看之前畫線、寫在空白處的心得，這樣一來就會有「現在我正好需要這本書」的感覺。昨天讀《卡拉馬助夫兄弟們》就是這樣，每次讀的時候都覺得很新鮮。這次讀到佐西馬長老去世前最後一次證道中關於行惡的心態和罪孽時，我得到了一些體悟。

在這個空間裡，讀越多書越能感受到神祕的力量，讓人打消只想爲自己而活的欲望，產生眞心幫助他人成功的心；消除想要盡快成功的急躁，思考比金錢更珍貴的東西，所以最終讓我明白，如何生活才能迎來美麗的死亡。

這裡的書櫃成爲我人生最大的核心。人在有標準的時候是不會害怕的，所以要打造自己的書櫃空間，建立標準。先製作書櫃，預備空間放置能建立你現在生活標準的書，然後找出能放在那個空間的書，像這樣備妥能戰勝世界的最強大的武器吧！

在這個空間裡，不需要很多書，不用超過五十本。書本數量雖然會持續增加，但不會快速、大量增加。有時幾年才多一本，因爲都是精挑細選出來的。

第二個空間裡放的是對此時此刻的生活有益的書，這些書都是幫助我獲得靈感的，有塞斯．高汀所有的書、崔鎮碩教授作品集、劉賢俊教授全著作，以及安東尼．羅賓、喬丹．彼得森、哈拉瑞、賈德．戴蒙、麥爾坎．葛拉威爾、金美敬講師、金承浩會長和李郎杜作家的書，還有詩人朴魯海（박노해）、文泰俊、潘七煥詩集等。

這個空間的書會提供創意。就算只是靜靜地坐著創造點子，其實也很累，要從無到有幾乎是不可能的，這時候可以透過閱讀來模仿，稍微變換一下，將這本書和那本書的內容綜合起來做出新的、屬於自己的東西。另外，我也是在這個空間學到所有的宣傳和行銷手段。一言以蔽之，這裡是我學習賺錢的具體方法的場所。如果第一個空間是告訴我「爲什麼要賺錢？」那麼第二個空間就是告訴我「怎麼賺錢？」

這個空間的書本數量不一，有時多到超過一百本，有時少到五十多本。因爲我在每個當下提出的問題一直改變，所以這個空間的書也一直在變化，而且在看到書本數量改變時也會感到快樂。

第三個空間裡放的是新買的書。這個空間是增加我人生收入的地方，學習我之前完全不懂的領域。我最近剛買的書有李時漢的《GPT Generation》、金亨錫（김형석）的《解讀經濟的男人的15分鐘經濟課程》（경제 읽어주는 남자의 15분 경제 특강）、堀江貴文的《把所有的錢都花掉》、內維爾·戈達德（Neville Goddard）《想像的力量》（*The Power of Imagination*）、布蘭登·布夏德《富豪信使》、吉爾·德勒茲的《尼采與哲學》、劉詩華（류시화）的《爲什麼我不是你而是我》（나는 왜 너가 아니고 나인가）、赫曼·赫塞的《車輪下》、李知晟（이지성）作家的《一萬公里》（1만 킬로미터）、羅曼·加里的小說《雨傘默默》、但丁的《神曲》、韓根泰（한근태）的《語言是衝擊》（말은 임팩트다）、麥爾坎·葛拉威爾的《解密陌生人》、哈拉瑞的《少年讀人類的故事》、尼采的《善惡的彼岸》、蕭伯納的《凡人與超人》等。

新書拓寬了我的空間，讀完《富豪信使》，我浮現了創辦「高明煥學院」的點子；去年冬天讀了朴正富會長的《經營一千元》後，我產生的點子是製作適合作爲紅酒下酒菜的雜菜，然後出口到國外；讀完《GPT Generation》後，我進行了名爲

「現在是賣想像力的時代」的講座。這些新書擴展了我的空間，空間越大，能賺錢的機會就越多。書堆得越多，就越讓人興奮。

我稱這個書房爲我的「軍火庫」，站在這些書面前，我就成了巨人，所有的宇宙都擺在我眼前，所有的機會都在我的手中，無懼無痛，只有我美好的生活。

專屬於自己的書櫃成爲我的武器，大概只要占整體書籍百分之十左右就可以了。我在這裡放了大約三百本書。如果你擁有一百本書，那麼先從十本左右開始就可以了。

要慎重地一再挑選書籍來製作出自己的書櫃。在尋找能成爲自己武器的書籍的過程中，感受那分樂趣吧！努力到讓自己能具備這樣的能力吧！而且如果可以的話，不要讓任何人看到。獨自探尋宇宙的祕密吧！你將會在那裡獲得成爲神的力量。

時時挑戰、發揮創意，以此獲得滿足，才能眞的安定

哲學家泰勒在數學和科學方面留下了巨大的基業，我們現在使用的「一年三百六十五天」的概念是泰勒建立的，數學圖形中一定要了解的「泰勒定理」也是他發現的。泰勒曾有過一段有趣的軼事。

某次泰勒召集人們談論世界的眞理時，人們追問他：「所以，哲學能餵飽你嗎？」泰勒聽到這句話後買下了所有的橄欖榨油機。當時是嚴冬，可以用很便宜的價格買到。人們看到後依然嘲笑泰勒：「整天在想些五四三，連行爲也很愚蠢。」結果第二年橄欖豐收，榨油需求劇增，泰勒靠出租榨油機賺了一大筆錢。

泰勒的故事讓我們明白，在我們的人生中有比金錢更重要的東西。泰勒並不是因爲不知道如何賺錢而不賺錢的，是因爲不需要，所以才不去賺錢。他進一步發

現，我們的人生中有比金錢更重要的東西，那就是從領悟中得到的快樂，以及用這種領悟幫助他人成功時感受到的滿足感。泰勒知道，這種感覺比花錢時感受到的快樂要好上許多。

當你過著被牽著走的生活時會追求穩定，會爲了追求穩定的收入、穩定的工作、穩定的房子而一股腦地賺錢，但是到了小孩階段就會主動提出問題。

「什麼是穩定？」

「眞正穩定的狀態是什麼狀態？」

「穩定」就是安穩鎮定，其中的含意有：

1. 沒有改變，維持一定的狀態。
2. 指沒有紛爭和混亂的安靜、平穩的狀態。不只是沒有紛爭，沒有變化的狀態也被稱爲穩定。

我從中體會到「原來穩定並不全然是好事。正因如此，追求安定的生活很艱難！」穩定的狀態用一句話概括就是「沒有變化」，這讓我想起了格倫神父（Anselm Grun）的書《別忘記最好的》（*Vergiss Das Beste Nicht*）。人不應該停留，應該要變化並成長，這麼做時會覺得最幸福，會感受到自己還活著。

我們的欲望與大腦緊密相連。原始時代的人類需要保護自己，免於受到各種野生動物和寒冷的侵害，所以需要穩定的圍欄、洞穴和可持續攝取的動植物，滿足這種欲望就會感到穩定，但是現代社會已經充分滿足了飲食、穿著、睡眠的欲望，沒有理由追求穩定。應該要享受冒險和挑戰，不斷改變。要持續挑戰，才能獲得眞正的「穩定」。

明明沒有理由追求穩定，但人們還是想要停留在一個地方舒服的吃飯、睡覺、休息，因此心中失去成就感後，就被空虛占據，最終會變得憂鬱。

當今時代所謂的穩定生活就是要時刻挑戰、發揮創意，以此獲得滿足。如此一來，我們的身體會擁有活力、洋溢喜悅，充分感受到生命的意義，一輩子持續這種狀態才是眞正的「穩定」。

再向自己提問，然後陷入沉思吧！

「對我來說，真正的穩定是什麼？」

對我來說，現在這種狀態很穩定。我不斷思索「穩定」，尋找適合自己的「穩定」後，運用在自己的生活中，然後獲得能更進一步挑戰的力量。以這種方式找出一個詞彙裡隱藏的意義的這一刻很幸福，希望你也能感受到這種領悟的快樂，這是金錢買不到的、沒有人能帶給你的幸福。

結語

想法會造就一個人。在偉大的圖書館相見吧！

我很累，也就是大家常說的「倦怠」（burn-out）。我想去釣魚來擺脫久違的無力感。

上週我到全國各地演講，星期一在濟州島講一次，星期三在我的故鄉尙州市講四次，星期五在釜山講一次，可能是因爲排滿了演講和公司的事，一週下來我已經累壞了。

昨天，二〇二三年五月十五日，星期一，我的三間店中，只有「蕎麥牛胸店」營業，營業到下午兩點後，我把店面交給員工，出發去釣魚，但是時間已經晚了，結果來不及去釣魚場，使得我的心情更加沉重了。我短暫考慮要不要回家睡個覺，但是我不想那麼做，在我煩惱該去哪裡的時候，車子已經自然地駛向了龍山圖書館。

我經過平時常去的南山圖書館（當天是休館日），在往龍山圖書館的路上先去了一間南山炸豬排店。在吃了一份炸豬排後，坐在圖書館裡讀內維爾．戈達德的《想像的力量》。

我們要堅信，一切現實生活都是在我們內部產生的，絕不是外部產生的。

——摘錄自《想像的力量》

沒錯，我現在的狀態是我創造的，我經過思考後的結果就是現在的我。上週輸出（output）比輸入（input）更多，可能是這樣才這麼累，然而光是坐在圖書館閱讀短短十五分鐘，熱情就再度被點燃，就像高級汽油注入空蕩蕩的油箱那樣，我充滿了可以再出發的熱情。撇開後來的結果不談，那一刻的喜悅令我難以忘懷。

這就是圖書館的偉大之處。時隔幾年再次出現的憂鬱在短短十五分鐘內得到了緩解，不是醫好的程度，而是創造出了驚人的創意。閱讀三十分鐘後，我擬定了名為「高明煥的遊擊演講演唱會」的計畫。

意思是，我打算在演講前一週才公布時間和地點，並且是不收費演講，但聽眾必須帶親自種植或培育的農產品、海鮮或親手製作的手工藝品等過來，什麼都沒帶也可以，但如果有的話就拿過來。這麼做的目的是要介紹各地的特產和商品。曾經有一次在全南高敞（全羅北道西南部的高敞郡）演講，來聽演講的人帶自己種的花生、茶葉、辣椒粉等禮物送給我，我真的很開心。我希望演講結束後能有段時間，讓大家介紹各自帶來的特產。

在公布演講時間和地點的一週後，我會蒙著眼睛到現場去，我不知道會來多少人，有可能在拿下眼罩的時候發現一個人都沒有。但是，如果有一個人在，那我肯定會抱著他哭。如果有一百個人，我就會痛哭流涕地演講。

寫下這段文字的日期是二〇二三年五月十六日，我預計六月要到忠南唐津（忠清南道北部的唐津市）或慶南統營（慶尚南道南部的統營市）拍攝。首先會聯繫場地，然後一週前在IG上公布，我只會帶一部手機去拍攝，這樣操作起來比較方便。我立刻搜尋唐津市特產，發現馬鈴薯、獅子唐辛子和蛤蜊很有名。我想像著一個人到場、許多人到場和數百人到場的場景，光是想像就很幸福。他們分享自己帶來的馬鈴薯和辣椒，然後我在那裡演講，有問有答，那該有多開心啊？

明年，「高明煥的遊擊演講演唱會」還要在國外舉辦，去日本，去美國，去歐洲！我們相約某日某時在義大利聖母百花聖殿教堂前的咖啡廳見吧！究竟會有多少人在等我呢？光是想像就很幸福。

我一直以來的思考造就出現今的高明煥。我的想法這麼好，生活不可能朝著錯誤的方向發展。釣魚固然好，但只有那個時間會開心，釣魚結束、回到家後又會感到空虛。雖然坐在圖書館閱讀時很疲憊，卻帶給我這種好想法和結果。在圖書館的過程很愉快，結果也很好。

圖書館是偉大的，即使不去掛身心科、不吃抗憂鬱的藥物，也可以在十五分鐘內醫好我的憂鬱。在醫治的同時，還給了我以後能奮力前進的熱情和創意，而且是免費的，沒有道理不來。

我吃的食物會造就我，我的想法會造就我，我遇到的人會造就我。遇見偉大的圖書館吧！坐在圖書館裡想偉大的事情吧！把書吞下去吧！你是偉大的。

附錄

【附錄一】

適合在駱駝階段閱讀的書

某一天，出於某種原因而開始充滿熱情地閱讀了，但若是沒有產生興趣的話就會放棄，所以在此爲大家介紹的都是爲了讓你親近書而挑選的有趣書籍。

不過，要是因此就以爲這些書很容易讀，就大錯特錯了，尤其潘七煥詩人的《笑的力量》，不少作品得有小孩階段的閱讀功力才能理解。我之所以在駱駝階段推薦這些書，主要是因爲這些書會讓你想要親近書。

不要糾結於自己所讀的書的水準，這是閱讀必經的過程。在還沒有能力找出自己能讀的書之前，卻因爲在意別人的目光就隨身帶著或讀著那些無聊又無法理解的書，閱讀實力就很難進步。

不管是什麼領域，基礎都是最重要的。在這個階段要先學會走，再學跑，才能透過書籍成就人生。

駱駝階段推薦書單

（已發行中文版的書及出版社置於前，尚無中文版的會標示出發行語版，如 韓 日 英 置於後）

《不便利的便利店》，金浩然，寂寞出版

《非常識成功法則：創造財富與自由的8個習慣》，神田昌典，先覺出版

《過於喧囂的孤獨》，博胡米爾．赫拉巴爾，大塊文化

《最後14堂星期二的課》，米奇．艾爾邦，大塊文化

《什麼時候是好時候》，丹尼爾．品克，大塊文化

《召喚財富的思維Wealthinking》，崔凱利，大塊文化

《知識與愛情》，赫曼．赫塞，志文出版

《瑪儂情史》，阿貝．普萊沃，志文出版

《人類的大地》，聖修伯理，志文出版

《老人與海》，厄內斯特．海明威，木馬文化

《德米安》，赫曼．赫塞，漫遊者文化

《伊索寓言》，伊索，漫遊者文化

《動物農莊》，喬治．歐威爾，野人文化

《跨能致勝》，大衛．艾波斯坦，采實文化

《關於跑步，我說的其實是……》，村上春樹，時報出版

《遠方的鼓聲》，村上春樹，時報出版

《聽風的歌》，村上春樹，時報出版

《薇若妮卡想不開》，保羅．科爾賀，時報出版

《當呼吸化爲空氣》，保羅．卡拉尼提，時報出版

《牧羊少年奇幻之旅》，保羅．科爾賀，時報出版

《獻給阿爾吉儂的花束》，丹尼爾．凱斯，皇冠文化

《人生清除公司》，前川譽，皇冠文化

《大亨小傳》，史考特．費滋傑羅，新經典文化

《太陽依舊升起》，海明威，逗點文創結社

《習慣力》，溫蒂．伍德，天下雜誌

《風格是一種商機》，增田宗昭，天下文化

《超級銷售員賈西斯》，傑夫．寇斯、哈瓦德．史蒂芬斯，商周出版

《跑出全世界的人》，菲爾·奈特，商業周刊

《華頓商學院趨勢剖析》，馬洛·吉蘭，商業周刊

《少年讀人類的故事》，哈拉瑞，未來出版

《簡單：打破複雜，創造絕對優勢》，肯恩·西格爾，聯經出版

《海風下》，瑞秋·卡森，鷹出版

《快速致富》，MJ·狄馬哥，久石文化

《活出意義來》，弗蘭克，光啓文化

《永不放棄：我如何打造麥當勞王國》，雷·克洛克、羅伯特·安德森，經濟新潮社

《沙拉紀念日》，俵万智，新雨出版

《思考致富聖經 愛藏版》，拿破崙·希爾，世潮出版

《從卑微到偉大的斜槓偉人富蘭克林》，班傑明·富蘭克林，柿子文化

《把所有的錢都花掉》（あり金は全部使え 貯めるバカほど貧しくなる），堀江貴文，㊐·MAGAZINE HOUSE

《鰈魚》（가재미），文泰俊，韓・文學和知性社

《假臂擁抱》（가짜 팔로 하는 포옹），金重赫（김중혁），韓・文學村

《深深的悲傷》（깊은 슬픔），申京淑（신경숙），韓・文學村

《廣告天才李濟錫》（광고천재 이제석），李濟錫（이제석），韓・學古齋

《Growing up》（그로잉 업），洪成泰（홍성태），韓・Bookstone

《賣飯捲的CEO》（김밥 파는CEO），金承浩（김승호），韓・黃金獅子

《錢的屬性》（돈의 속성），金承浩，韓・雪狐書

《清香》（맑고 향기롭게），法頂禪師，韓・和諧生活

《夢實姊姊》（몽실 언니），權正生（권정생），韓・創批

《從流放之地寄來的信》（유배지에서 보낸 편지），丁若鏞（정약용），韓・創批

《用膽量生活》（배짱으로 삽시다），李時亨（이시형），韓・草葉

《八個單詞》（여덟 단어），朴雄賢（박웅현），韓・書屋

《我像雨滴一樣獨自一人》（빗방울처럼 나는 혼자였다），孔枝泳，韓．OPENHOUSE

《愛情的一生》（사랑의 생애），李勝宇（이승우），韓．Wisdom House

《又哭又笑》（울다가 웃었다），金永哲，韓．Gimmy Young

《笑的力量》（웃음의 힘），潘七煥，韓．智慧

《這本書是關於如何賺錢》（이 책은 돈 버는 법에 관한 이야기），高明煥，韓．Tainbook

《李御寧的最後一堂課》（이어령의 마지막 수업），金智秀（김지수）、李御寧（이어령），韓．開放院

《看起來很好的祕密》（좋아 보이는 것들의 비밀），李郎柱（이랑주），韓．知與人

《懲毖錄》（징비록），柳成龍（유성룡），韓．西海文集

《讀書，成爲銷售之神》（책 읽고 매출의 신이 되다），高明煥，韓．韓國經濟新聞社

《經營一千元》（천 원을 경영하라），朴正富（박정부），韓．Sam&Parkus

《初心》（첫 마음），鄭責烽（정채봉），韓．泉源

《改變模式、改變生活》（*Change Your Paradigm, Change Your Life*），鮑勃．普羅克特（Bob Proctor），英．G&D Media

《不可動搖》（*Unshakeable*），安東尼．羅賓，英．Simon & Schuster

★如前述說的，這份書單是考慮到讓駱駝階段的讀者可以對閱讀產生興趣而選。同時，我也建議各位最好先找熟悉的語言（母語）撰寫的書籍來看會比較好。

【附錄二】

適合在獅子階段閱讀的書

獅子階段會自己尋找要讀的書。找出一本別人完全不提卻非常適合自己的書吧！然後成爲向他人推薦那本書的人。

一旦你征服了這個階段，往後就擁有了無論被丟在何處都能在那裡創造財富的能力，完全可以掌控自己的生活。

獅子階段推薦書單

（已發行中文版的書及出版社置於前，尚無中文版的會標示出發行語版，如 韓 日 英 置於後）

《聖經》

《憤怒的葡萄》，約翰·史坦貝克，春天出版

《異鄉人》，卡繆，麥田出版

《下流志向》，內田樹，麥田出版

《1984》，喬治·歐威爾，尖端出版

《酒店》，左拉，桂冠圖書

《希臘左巴》，尼可斯·卡山札基，桂冠圖書

《哈姆雷特》，莎士比亞，遠東圖書

《格列佛遊記》，強納森·史威夫特，晨星出版

《叔本華哲言錄》，叔本華，新雨出版

《人間失格》，太宰治，大牌出版

《金閣寺》，三島由紀夫，木馬文化

《生存的12條法則》，喬登·彼得森，大家出版

《任性創業法則第一條》，伊方．修納，野人文化

《車輪下》，赫曼．赫塞，遠流出版

《論人生短暫》，塞內卡，遠流出版

《從A到A+》，詹姆．柯林斯，遠流出版

《阿Q正傳》，魯迅，新視野NewVision圖書

《老子導讀及譯註》，陳鼓應，臺灣商務

《史記列傳》，司馬遷，世一出版

《人類大歷史》，哈拉瑞，天下文化

《21世紀的21堂課》，哈拉瑞，天下文化

《性趣何來》，戴蒙德，天下文化

《解密雙螺旋》，華生，天下文化

《恆毅力：人生成功的究極能力》，安琪拉．達克沃斯，天下雜誌

《從0到1》，彼得．提爾、布雷克．馬斯特，天下雜誌

《超爆蘋果橘子經濟學》，史帝文．李維特、史帝芬．杜伯納，時報出版

《決斷2秒間》，麥爾坎·葛拉威爾，時報出版

《給予》，亞當·格蘭特，平安文化

《反叛，改變世界的力量》，亞當·格蘭特，平安文化

《喚醒心中的巨人》，安東尼·羅賓，中國生產力中心

《叔本華的辯論藝術》，叔本華，商周出版

《生活槓桿》，羅伯·摩爾，商周出版

《史蒂芬·金談寫作》，史蒂芬·金，商周出版

《網路讓我們變笨？》，卡爾，貓頭鷹出版

《藝術的故事》，宮布利希，聯經出版

《影響力》，羅伯特·席爾迪尼，久石文化

《史托納》，約翰·威廉斯，啓明出版

《大腦革命的12步》，鄭在勝，八旗文化

《華杉講透《孫子兵法》》，華杉，印刻出版

《雨傘默默》，羅曼·加里，寶瓶文化

《選擇障礙時代》，皮特·戴維斯，采實文化

《只有讀「書」能抵達的境界》，齊藤孝，采實文化

《一根稻草的革命》，福岡正信，綠色陣線協會

《少即是多》，傑森．希克爾，三采出版

《城市是仰賴什麼維生》（도시는 무엇으로 사는가），劉賢俊，韓．乙酉文化社

《GPT Generation》（GPT 제너레이션），李時漢（이시한），韓．Book Momoment

《擊蒙要訣》（격몽요결），李珥（이이），韓．燕巖書家

《空間創造的空間》（공간이 만든 공간），劉賢俊（유현준），韓．乙酉文化社

《廣場》（광장），崔仁勳（최인훈），韓．文學和知性社

《無盡紀行》（무진기행），金勝玉（김승옥），韓．民音社

《無限花序》（무한화서），李成福（이성복），韓．文學和知性社

《為了有意義的生活》（의미 있는 삶을 위하여），亞歷克斯．倫古（Alex Lungu），韓．守吾書齋

《李御寧的包袱人文學》（이어령의 보자기 인문학），李御寧，韓・Maronie Books

《人畫出的紋樣》（인간이 그리는 무늬），崔鎭碩，韓・松樹

《隨處讀尼采》（座右のニーチェ），齋藤孝，日・光文社

《富豪信使》（*The Millionaire Messenger*），布蘭登・布夏德（Brendon Burchard），英・Free Press

《想像真相》（*Truth Imagined*），賀佛爾（Eric Hoffer），英・Hopewell Publications

《感知時間》（*Felt Time*），馬克・維特曼（Marc Wittmann），英・The MIT Press

《與眾不同》（*Different: Escaping the Competitive Herd*），永梅・穆恩（Youngme Moon），英・Currency

《地中海紀行》（*Journeying: Travels in Italy, Egypt, Sinai, Jerusalem and Cyprus*），尼可斯・卡山札基（Nikos Kazantzakis），英・Little, Brown and Company

《亨利・歐福特丁根》（*Heinrich von Ofterdingen*），諾瓦利斯（Novalis），德・Wentworth Press

★特別推薦塞斯・高汀（Seth Godin）全著作

【附錄三】

適合在小孩階段閱讀的書

如果說在獅子階段是征服了生活，那麼在小孩階段就是成就生活。成就生活的第一步就是喚醒內在沉睡的眞正的「我」，而且在發現「眞我」之後，會頓悟今後應該爲別人而活的原因。

這份書單對於已經不是小孩的你來說，可能沒什麼吸引力，就把它當成是愛書人的交流勉強參考吧。毫無疑問的，今後你將走自己的路，而且是你自創的、沒有人走過的路，已經晉升爲信使的你，請不吝惜引領在你後方努力追趕的駱駝和獅子吧！

小孩階段推薦書單

（已發行中文版的書及出版社置於前，尚無中文版的會標示出發行語版，如 韓 日 英 置於後）

《唐吉訶德》，塞萬提斯，風雲時代

《雙城記》，狄更斯，時報出版

《尼采與哲學》，吉爾・德勒茲，時報出版

《槍炮、病菌與鋼鐵》，賈德・戴蒙，時報出版

《流浪者之歌》，赫曼・赫塞，時報出版

《湖濱散記》，亨利・梭羅，野人文化

《悲慘世界》，維克多・雨果，野人文化

《卡夫卡變形記》，法蘭茲・卡夫卡，野人文化

《查拉圖斯特拉如是說》，尼采，野人文化（收於《尼采如是說：《查拉圖斯特拉如是說》+《悲劇的誕生》+《歡悅的智慧》+《瞧，這個人》【尼采四傑作精選集】》）

《美麗新世界》，阿道斯・赫胥黎，漫遊者文化

《秩序之上》，喬登・彼得森，大家出版

《追憶似水年華》，馬塞爾·普魯斯特，木馬文化

《生命的心流》，米哈里·奇克森特米海伊，天下文化

《快思慢想》丹尼爾·康納曼，天下文化

《蒙田隨筆全集》，蒙田，臺灣商務

《罪與罰》，杜斯妥也夫斯基，遠足文化

《地下室手記》，杜斯妥也夫斯基，櫻桃園文化

《白癡》，杜斯妥也夫斯基，商周出版

《卡拉馬助夫兄弟們》，杜斯妥也夫斯基，商周出版

《懺悔錄》，聖奧斯定，光啓文化

《給後來者言》，約翰·拉斯金，網路與書出版

《原則：生活和工作》，瑞·達利歐，商業周刊

《彼得·杜拉克的管理聖經》，彼得·杜拉克，遠流出版

《生命的展現》，埃里希·佛洛姆，遠流出版

《公民，不服從》，亨利·梭羅，紅桌文化

《瞧，這個人！尼采自傳》，尼采，五南圖書

《人性18法則》，羅伯·葛林，李茲文化

《中斷的天命：伊斯蘭觀點的世界史》，塔米姆．安薩里，廣場出版

《芝麻與百合》，約翰．拉斯金，簡．外語教學與研究出版社

《我、娜塔莎和白驢》（나와 나타샤와 흰 당나귀），白石（백석），韓．DaSan書房

《倚靠老子和莊子》（노자와 장자에 기대어），崔鎮碩，韓．Book House

《阿思緹．林格倫傳》（*ASTRID LINDGREN*），延斯．安德森（Jens Andersen），英．Yale University Press

《文藝復興時期軍事回憶錄》（*Renaissance Military Memoirs*），哈拉瑞，英．Boydell Press

《五個約定》（*The Fifth Agreement*），唐．米蓋爾．魯伊茲（Don Miguel Ruiz）等人合著，英．Amber-Allen Publishing

《島》（*Les Îles*），尚．柯尼葉（Jean Grenier），法．GALLIMARD

★特別推薦尼采與尚．柯尼葉的所有著作

Eurasian Publishing Group
圓神出版事業機構
用心與你對話．視野無限寬廣
究竟出版社
Athena Press

www.booklife.com.tw reader@mail.eurasian.com.tw

New Brain 039

我這樣找到人生的答案：

「駱駝─獅子─小孩」三階段讀得不一樣人生

作　　者／高明煥
譯　　者／葛瑞絲
發 行 人／簡志忠
出 版 者／究竟出版社股份有限公司
地　　址／臺北市南京東路四段 50 號 6 樓之 1
電　　話／（02）2579-6600．2579-8800．2570-3939
傳　　真／（02）2579-0338．2577-3220．2570-3636
副 社 長／陳秋月
副總編輯／賴良珠
責任編輯／張雅慧
美術編輯／林韋伶
行銷企畫／陳禹伶．朱智琳
印務統籌／劉鳳剛．高榮祥
監　　印／高榮祥
校　　對／張雅慧．歐玟秀．葛瑞絲
排　　版／杜易蓉
經 銷 商／叩應股份有限公司
郵撥帳號／ 18707239
法律顧問／圓神出版事業機構法律顧問　蕭雄淋律師
印　　刷／祥峰印刷廠
2024 年 1 月　初版

定價 350 元　ISBN 978-986-137-433-8

他念完博士卻長期失業，
他熟知古人卻對自己如此陌生，
靠著三大工具：薩提爾模式、當下力量與自由書寫，
他尋回了自己，並重啓了人生。
他寫下自己的經歷，祈願能幫助到需要的人。
17個突破習性、療癒內在的練習，帶領你重新愛回自己！
——《重啓人生的17個練習》

國家圖書館出版品預行編目資料

我這樣找到人生的答案：——「駱駝—獅子—小孩」三階段讀得不一樣人生 / 高明煥 著；葛瑞絲 譯. -- 初版. -- 臺北市：究竟出版社股份有限公司，2024.1
256 面；14.8×20.8 公分 --（New Brain；39）
譯自：나는 어떻게 삶의 해답을 찾는가 : 고명환의 독서 내공
ISBN 978-986-137-433-8（平裝）

1.CST：讀書法

019　　112019789